사도 바오로와 그리스도 체험

ANSELM GRÜN
PAULUS
und die Erfahrung des Christlichen

Copyright © 2007 Kreuz Verlag
part of Verlag Kreuz GmbH, Stuttgart

First published as PAULUS in Germany in 2007
by Kreuz Verlag, 70565 Stuttgart
part of Verlag Kreuz GmbH
All rights reserved

Translated by LEE Jong-Han
Korean translation Copyright © 2010 by Benedict Press
Waegwan, Korea
Korean translation rights arranged with Kreuz Verlag
through EUROBUK Agency, Korea

사도 바오로와 그리스도 체험
2010년 11월 초판
옮긴이 · 이종한 | 펴낸이 · 이형우

ⓒ **분도출판사**

등록 · 1962년 5월 7일 라15호
718-806 경북 칠곡군 왜관읍 왜관리 134의 1
왜관 본사 · 전화 054-970-2400 · 팩스 054-971-0179
서울 지사 · 전화 02-2266-3605 · 팩스 02-2271-3605
www.bundobook.co.kr

ISBN 978-89-419-1014-5 03230
값 9,000원

이 책의 한국어판 저작권은 유로북 에이전시를 통해
Verlag Kreuz GmbH와 독점 계약한 분도출판사에 있습니다.
저작권법에 의해 한국 내에서 보호를 받는 저작물이므로
무단 전재와 무단 복제를 금합니다.

사도 바오로와
그리스도 체험

안셀름 그륀 | 이종한 옮김

분도출판사

【일러두기】

성경 인용문은 원칙적으로 『성경』(한국 천주교 주교회의 2005)을 따르되, 『200주년 신약성서』(분도출판사 1998)도 참조하면서 드물게는 문맥에 따라 조금씩 다듬었습니다.

차례

들어가며 7

1 바오로의 정신적·종교적 환경 13

   스토아철학 15
   영지주의 17
   바리사이 19
   비교祕敎 25
   희생 제의 27

2 회심 체험 31

3 예수 그리스도 체험 43

   십자가에서 드러난 하느님의 조건 없는 사랑 44
   예수님의 죽음과 부활 — 모든 인간적 가치 기준의 전복 53
   예수 그리스도의 실체 73

4 새 생명 체험 85

5 소명 체험 101

6 구원 체험 117

7 신비 체험 137

8 바오로와 심층심리학 157

   바오로의 심리학 158
   바오로와 현대 심층심리학적 통찰 163
   신학적·신비적 언설에 대한 심층심리학적 해석 172

9 바오로와 여성 181

10 바오로와 성 191

11 바오로와 유다인 199

12 바오로와 종교 간 대화 205

맺으며 211
참고문헌 214

들어가며

바오로처럼 논란 많은 사도도 없을 것입니다. 개신교인들은 바오로에게서 신약성경의 진짜 신학자를 봅니다. 루터는 로마서를 주석하면서 자신의 의화義化[가톨릭]/'의인'義認[개신교] 신학을 전개했습니다. 요컨대 바오로는 언제나 개신교 신학의 중심에 서 있었습니다. 하지만 오늘날 많은 개신교 목사들이 제게 말하길, 신학대학 공부가 바오로를 망쳐 버렸다고 합니다. 율법과 믿음의 관계에 대한 신학적 논증들이 자신들에게는 도무지 낯설다는 거지요. 그래서 그들도 바오로에게 다가가는 새로운 길을 애써 찾고 있습니다.

일견 여성에게 적대적인 듯한 바오로의 시각을 여성들은 불편해합니다. 그러나 여기서도 그의 관점이 사실과 다르게 전해져 온 것이지요. 여자들은 교회 안에서 침묵하라는 명령(1코린 14,34-36 참조)은 바오로가 내린 게 아니라, 코린토 전·후서의 상이한 부분들을 함께 묶은 편집자가 덧붙인 것이라는 게 현대 주석학자들의 일치된 견해입니다. 이 두 서간에서 여성들은 교회 설립뿐 아니라 구체적인 교회 생활과 예배를 꼴 짓는 일에서도 중요한 역할을 합니다. 코린토 전서 11장 4절 이하에 따르면, 바오로는 전례에서 소리 내어 기도할 권리가 남녀 모두에게 똑같이 있다고 합니다(Klauck, *1. Korintherbrief* 105 참조). 그리스도 교회를 세우는 일에 헌신한 사람들은 여성이었습니다. 바오로는 언제나 여성들과 함께 일했고, 그들과 좋은 관계를 맺고 있었음이 분명합니다. 오늘날에는 여성들도 바오로를 새로운 눈으로 보고, 해묵은 선입견들을 버리려 노력하고 있습니다.

유다인들은 바오로를 배신자로 봅니다. 유다교와 그리스도교의 분열을 일으킨 장본인이라는 겁니다. 요즘도 예수를 자신들 중 한 사람으로 여기는 유다인이 많습니다. 그러나 그들에게 바오로는 그리스도교의 실질적 창시자일 뿐입니다. 바오로는 예수의 말씀과 행적에 전혀 관심이 없었으며, 그리스 사상과 신비 종교(Mysterienreligionen)의 영향을 받아 예수의 신성神性이라는 신화를 꾸며 냈고, 그리하여 예수가 원했던 것과는 다른 종교를 만들어 냈다는 것이지요. 그러나 이 문제에서도 바오로를 보는 새로운 지평이 열리기 시작했습니다. 예컨대 오늘날 유다인들은 로마서 9-11장을 깊이 새겨 읽습니다. 여기서 바오로는 유다교 전통을 소중히 여기고 이방인에 대한 유다인의 우위를 높이 평가하며, 교회와 이스라엘의 관계를 위해 분투합니다. 그리고 바오로가 회심한 후에도 바리사이였고, 또 바리사이의 사유 방식을 고수했다는 사실을 유다인들은 압니다. 이방인들에게 접근하는 일은, 예나제나 유다인들에게는 하나의 도전이지만 말입니다.

바오로에 관한 연구서는 많고 많습니다. 주석학자마다 바오로에게서 각기 다른 중점들을 한 가지씩 찾아냅니다. 루터 이래 개신교 신학자들은 바오로에게서 그리스도 신앙의 핵심을 봅니다. 그들은 바오로를 무엇보다 믿음으로 의롭게 된다는 의화론義化論과 결부시킵니다. 그들에게 로마서와 갈라티아서는 그리스도 신앙을 형성하는 근본입니다. 반면 동방교회에서는 바오로를 그리스도 신비주의의 주창자로 봅니다. 그가 우리를 예수 그리스도에 대한 신비 체험으로 인도한다는 것이지요. 바오로를 세례와 성찬례 신학자로 보는 이들도 있습니다. 바오로가 그리스도교 전례를 예수 그리스도와 하나 되는 체험으로 묘사함으로써 당시 신비 제의들에 맞섰다는 것입니다. 리하르트 로르Richard Rohr는, 당시 유행하던 비교들의 비의전수의식祕儀傳授儀式을 배경으로, 바오로에게 비의전수자라는 딱지를 붙입니다. 그는 예수 그리스도와의 만남에서 일종의 비의전수 과정을 철저히 체험한 사람이라, 우리의 비의전수에도 모범이 될 수 있다는 것이지요.

들어가며 9

어떤 사람들은 바오로에게서 그리스식 교육을 받고 그리스도의 가르침을 스토아철학과 연계시키는 신학자를 봅니다. 또 어떤 이들은 바오로에게서 제 백성의 마음을 얻고자 애쓰면서도 자신에게 각인된 유다교와 이율배반적 관계에 있는 유다인을 봅니다. 흔히들, 바오로상像을 정립하기 위해서는 바오로 서간(테살로니카 전서, 코린토 전·후서, 갈라티아서, 로마서, 필리피서, 필레몬서)에 담긴 사도 자신의 언명들에만 의지해야 한다고 말하지만, 실은 루카가 사도행전에서 제공하는 해석 역시 바오로상의 일부를 형성합니다. 어쨌든 이것도 바오로가 죽은 뒤 얼마 지나지 않아 이루어진 해석입니다. 루카의 진술이 실제 역사와 얼마나 부합하는지 지금으로서는 확실히 말할 수 없습니다. 사실, 루카에게 중요한 것은 순수한 역사가 아니라 그 역사의 깊은 의미였습니다. 우리에게 역사는 해석될 때만 의미가 있습니다.

전문 주석가도 아닌 내가 바오로를 둘러싼 주석학의 논점들을 규명하거나 바오로의 신학 전체를 온전히 전달하는 데 획기적인 기여를 하리라고는 기대하지 않습니다. 이 책에서 나는 바오로 신학의 배후를 장식한 체험들을 성찰하고 서술하는 데 집중하고자 합니다. 그리고 오늘 우리가 어찌해야 바오로와 유사한 체험을 할 수 있는지, 바오로의 신학은 오늘 우리에게 무엇을 말해 주는지 새삼 물을 것입니다. 오늘날 우리가 그리스도인으로 살아가는 데 바오로의 신학이 도움을 줄까요? 바오로는 어떠한 체험으로 우리를 이끌고자 하는 것일까요? 바오로에게 그리스도교의 본질은 무엇일까요? 당시 바오로는 온갖 종교적 성향들이 난무하는 세상 속으로 들어갔습니다. 지금 우리도 다종교 사회에 살고 있습니다. 바오로를 염두에 두건대, 우리가 어찌해야 우리 믿음의 본질을 남들에게 이해시킬 수 있을까요? 그리고 우리 그리스도인의 신앙 체험은 다른 이들의 종교적 체험과 무엇이 다를까요?

1

바오로의 정신적·종교적 환경

유다인 바오로는 헬레니즘 환경에서 성장했습니다. 이것이 당시 '디아스포라 유다인'의 운명이었습니다. 이로써 유다인들은 자신이 속한 환경과 두드러지게 구별되었고, 그럴수록 그리스적 환경의 위협에 저항하면서 고유의 전통을 더 열렬히 수호하려 했습니다. 바오로에게서 우리는 두 가지를 확인할 수 있습니다. 첫째, 바오로는 그리스철학과 주변에서 거행되던 비교제의秘敎祭儀들을 잘 알고 있었습니다. 인구 약 30만의 거대한 상업 도시 타르수스에서 바오로는 온갖 혼합종교들을 접했습니다. 그럴수록 유다인이라는 자신의 정체성을 강조하려 애썼지요. 정복자 알렉산더 대왕 치하에서 타르수스는 그리스철학의 중심지 중 하나가 되었고, 고대 작가들은 타르수스 시민들의 학구열을 찬양했습니다.

바오로의 생애를 일별하는 것도 도움이 되겠습니다. 사울(그의 유다교식 이름입니다)은 서력기원전(연구자들의 추정은 1년부터 10년 사이에서 오락가락합니다) 타르수스에서 태어났으며, 벤야민 지파 출신입니다. 바오로의 부모는 매우 부유하여 로마 시민권을 살 수 있었거나, 속량된 노예로서 로마 시민권을 획득했을 것입니다. 어떤 방법으로 로마 시민권을 얻었건 간에, 아무튼 부모가 매우 유복했으리라 짐작됩니다. 그래서 아들을 예루살렘으로 유학 보낼 수 있었지요. 타르수스에서 바오로는 앞날의 밥벌이 수단으로 천막 짜는 일을 배웠는데, 연구자들은 그의 아버지도 같은 직업에 종사했고 아마 작업장도 운영했으리라 추측합니다. 하지만 어디까지나 추측일 뿐입니다.

바오로는 타르수스에서 갖가지 종교와 비교제의뿐 아니라 그리스철학과 문학까지 섭렵합니다. "디아스포라 유다인의 아들로서 바오로는 어릴 때부터 다른 혈통과 민족의 사람들을 만났을 뿐 아니라, 이 교역 중심지에서 나날이 세계에의 개방성도 체득했다. 그는 다른 문화와 관점을 지닌 사람들이 낯설지 않았고, 자라면서 그들에게 다가가고 그들의 생활 관습들을 눈여겨볼 수 있었다"[Gnilka, *Paulus* 23/이종한 역 『바울로』 35(이하 번역본은 쪽번호만 병기)]. 짐작건대 바오로는 네 가지 언어(히브리어, 아람어, 그리스어, 라틴어)를 구사했습니다. 요컨대 그는 자기 주변 세계와 정신적·종교적 상황에 정통한 교양인이었습니다. 그렇다면 바오로가 대결해야 했던 당시 사조思潮들에는 어떤 것이 있었을까요?

스토아철학

바오로 시대에 스토아철학은 이를테면 유행 학문이었습니다. 스토아철학이 시대정신을 결정했지요. 이 철학의 이름은 아테네의 '스토아 포이킬레'*stoa poikile*, 즉 '채색 주랑柱廊'에서 유래합니다. 스토아학파의 창시자 제논Zenon이 여기서 가르쳤다지요. 스토아철학은 윤리와 건전한 삶의 기술에 중점을 두었고, 논리적 근거에 입각하여 신의 존재를 증명하려 했습니다. 그에 따르면, 인간의 주목적(*telos*)은 올바른 삶을 영위하는 법을 배우는 것입니다. 스토아학파는 이 목적을 '로고스와 일치하는 삶'이라 부릅니다. 제논의 표현을 빌리면, "정신이 비합리적인 것들에 추동推動됨이 없이 우주의 진리와 질서를 통찰하며, 힘껏 그 진리와 질서를 실현하는 삶"(*Theologische Realenzyklopädie* 32, Stoa 187)입니다. 스토아철학자들은 개인에게 삶의 비결을 가르쳐 준 정신적·심리적 조언자였습니다. 운명에 적절히 대응하는 방법이야말로 그 조언의 중요한 영역이었습니다. 불행을 지나친 걱정 없이 극복하는 것, 요컨대 스토아적 평정심을 지니고 받아들이는 것이 훌륭한 철학자의 표지였습니다.

스토아철학의 윤리적 가르침은 초기 그리스도인들에게 친숙했고 많은 이에게 이정표 구실을 했습니다. 갓 개종한 사람들은 "윤리적 행동 방식의 견고한 토대를 그리스도 교회 안에" 들여왔습니다(Klauck, *Anknüpfung* 83). 아무튼 바오로는 스토아철학을 잘 알고 있었습니다. 그의 가정 덕목들은 스토아철학이 가르치는 윤리와 일맥상통합니다. 바오로가 훗날 로마에 있을 때, 그곳에는 세네카도 살고 있었습니다. 초기 교회는 바오로와 세네카가 편지를 주고받았다고 꾸몄지요. 교회는 바오로가 스토아철학과 가까웠다고 여겼음이 분명합니다. 이 친연성은 바오로의 가르침을 로마 철학자 에픽테투스의 가르침과 비교해 보면 뚜렷이 드러납니다. 한때 노예였던 에픽테투스는 바오로보다 조금 뒤에 가르쳤습니다. "바오로가 서간을 통해 자기 교회들에 준, 그리고 추가로 주어야 했던 여러 권고들은 에픽테투스의 글에도 족히 나올 만한 것이었다"(같은 책 83).

스토아철학에 따르면 인간이 우선적으로 극복해야 할 것은 자신의 격정입니다. 격정은 "이성이 정한 목적을 벗어나는 충동"(같은 책 32, 188)입니다. 스토아철학은 격정을 영혼의 병으로 여깁니다. 이성이 모든 일을 다스리고 인간을 이끌어야 하지요. 사람은 모름지기 기쁨, 슬픔, 갈망, 두려움 같은 격정도 피해야 합니다. 스토아철학에서는 동정同情도 부정적으로 봅니다. 바오로는 필리피서에서 스토아철학의 규범들을 언급합니다. "참된 것과 고귀한 것과 의로운 것과 정결한 것과 사랑스러운 것과 영예로운 것은 무엇이든지, 또 덕이 되는 것과 칭송받는 것은 무엇이든지 다 마음에 간직

하십시오"(필리 4,8). 그러나 그는 필리피 신자들에게 다음과 같이 촉구함으로써 스토아철학자들과 뚜렷이 대비됩니다. "주님 안에서 늘 기뻐하십시오. 거듭 말합니다. 기뻐하십시오"(필리 4,4). 바오로는 강렬한 열정으로 편지를 씁니다. 신자들에게 자기 마음을 활짝 엽니다. 이 점에서 냉철한 스토아철학자들과 다르지요.

루카는 바오로의 입을 빌린 아레오파고스 설교에서 그리스철학의 두 사조만 언급합니다. 에피쿠로스학파와 스토아학파입니다. 이 두 사조에 궁극적으로 중요한 것은, 어떻게 참행복의 길을 찾을 수 있을까라는 문제였습니다. 행복과 삶의 성취에 대한 물음은 그때나 지금이나 현실적이고 민감한 사안입니다. 바오로는 이 문제에도 그리스도교의 해답을 주고자 합니다. 그는 삶의 성취에 이르는 길로 예수님을 꼽습니다. 바오로는 플라톤 이래 그리스철학에 각인되어 있던 행복에 대한 갈망('모든 인간은 행복을 원한다')을 되잡아, 이 갈망을 배경으로 자신의 메시지를 전합니다.

영지주의

영지靈知(Gnosis)는 본디 깨달음, 앎을 뜻합니다. 영지주의 운동에 관한 역사학자들의 견해는 제각각입니다. 불트만학파는 그리스도 이전의 영지주의를 전제합니다. 그러나 많은 영지주의 경전이 그리스도 이후의 것이라, 가령 요한 복음서 같은 그리스도교 경전도 영지주의 방식으로 해석합니다.

1966년 메시나의 영지주의 학회Messina-Kolloquium 이후 '지적 엘리트만 향유하는 신적 비밀들에 관한 앎'으로서의 영지와, 세상에 대한 이원론적 관점에서 출발하여 천상의 구원자 신화를 에도는 체계로서의 영지주의를 구별하게 되었습니다. 영지주의의 구원자는 마취된 인간 자아를 깨워 일으키기 위해 천계天界의 길을 열고 온다고 하지요(*Lexikon für Theologie und Kirche*, Gnosis 803f. 참조). 영지는 유다교, 그리스도교, 비교祕敎 등 그 어떤 종교와도 연계될 수 있는 비의적 경향이라 할 수 있겠습니다. 인간의 자아는 물질 속으로 사위어진 신적 불씨인 바, 이것을 신적 구원자가 되살린다는 것입니다. 영지주의의 가르침은 바로 여기서 출발합니다.

바오로의 언설에서 영지주의적 구원자 신화나 영지주의 체계를 캐묻는 일은 별 의미가 없습니다. 바야흐로 온갖 종교와 유다적·그리스도교적·철학적 사유 체계 안에 영지주의적 경향이 강하게 스며 있던 시대였습니다. 이 낯선 세상에서 벗어나 영성으로 도피하려는 욕구가 강렬했겠지요. 갈수록 냉혹해져 가는 로마제국에서 영지주의는 영성을 좇던 사람들을 단숨에 매혹시켰습니다. 초기 그리스도인들 가운데서도 많은 이가 영지주의적 경향에 매혹되었습니다. 이런 경향은 오늘날에도 새삼 유행을 타고 있습니다. 영적 체험에 열광하지만 자신의 구체적인 삶은 다스리지 못하는 사람이 많지요. 그들에게 영성은 혼미한 삶으로부터의 도피처입니다. 코린토에서 바오로는 그런 영지주의 경향과 맞닥뜨렸습니다. 그는 인식과 각성과 참된 지혜에 대한 갈망을 되잡습니다. "모든 것이 허용된다"(1코린 10,23)는 영지주의의 모토를 인용하고 영지주의적 상들을 배경으로 하여, 코린토 신자들에게 온전한 지혜에 이르는 그리스도교적인 길을 가르쳐 줍니다.

200년경 알렉산드리아의 클레멘스Clemens Alexandrinus는 영지주의의 근본 물음들을 이렇게 정리했습니다. "우리는 누구인가? 우리는 무엇이 되었는가? 우리는 어디에 있는가? 우리는 어디에 버려졌는가? 우리는 어디로 서둘러 가는가? 우리는 무엇에서 해방되었는가? 탄생이란 무엇인가? 환생은 또 무엇인가?"(같은 책 Gnosis 805). 물론 이 물음들이 영지주의만의 전매특허는 아닐 테지요. 오늘 우리에게도 똑같이 절실합니다. 답은 각자가 스스로 찾을 일입니다. 이렇듯 바오로가 직면한 상황과 우리의 상황은 비슷합니다. 바오로의 말씀에서 오늘 우리 문제에 대한 답을 찾아내는 것은 그래서 긴장 넘치고 흥미진진합니다.

바리사이

일찍이 사울의 부모는 어린 아들을 예루살렘으로 보내어, 가말리엘 문하에서 양육과 훈육을 받게 했습니다. 가말리엘은 "25년에서 50년 사이에 활동"(Gnilka, *Paulus* 28/43)한 바리사이였습니다. 아마 바오로는 일종의 기숙학교에서 유다교 율법과 영성을 배웠을 것입니다. 바오로는 배움에 매우 열심이었음이 분명합니다. 갈라티아서에서 그는 자신에 관해 이렇게 말합니다. "내가 한때 유다교에 있을 적에 나의 행실이 어떠하였는지 여러분은 이미 들었습니다. 나는 하느님의 교회를 몹시 박해하며 아예 없애 버리려고 하였습니다. 유다교를 신봉하는 일에서도 동족인 내 또래의 많은 사람들보다 앞서 있었고, 내 조상들의 전통을 지키는 일에도 훨씬 더 열심이었습니다"(갈라 1,13-14). 바오로도 바리사이였던지라, "좁은 의미의 토라와 (구전) 전승들이 삶의 토대요, 열정의 추동력"(Schlier, *Galaterbrief* 52)이었습니다.

바리사이란 과연 누구입니까? 예수님 시대 유다교에는 사두가이파·바리사이파·에세네파·열혈당, 이렇게 네 집단이 있었습니다. 사두가이파는 제사장 무리였습니다. 그들에게 무엇보다 중요한 것은 성전과 제의祭儀, 그리고 성전세로 받는 돈이었습니다. 그들은 친親로마파였습니다.

바리사이파는 구약성경의 율법을 구체적 일상에 적용하려 애쓴 사람들입니다. 그들에게도 강경파와 온건파가 있었습니다. 바오로의 스승 가말리엘은 온건파에 속했으리라 여겨집니다. 바리사이는 매우 신심이 깊었습니다. 하여, 사람들이 하느님 뜻을 알아채고 일상에서 실천하도록 도와주려 했으며, 법정에서 특히 관대했습니다. 바리사이는 경건한 이들의 스승이었습니다. 그들의 예배 장소는 사두가이파의 발언권이 강했던 예루살렘 성전이 아니라 주로 유다인 회당(시나고그)이었습니다.

에세네파는 성전 제의에도, 회당 예배에도 등 돌린 일군의 경건한 유다인들이었습니다. 그들은 경건한 공동체 안에서 하느님 뜻을 실현하려 노력했고 서로를 진심으로 대했지만, 공동체 규범을 어긴 자는 가차 없이 내쳤습니다.

열혈당은 폭력으로 로마 점령 세력과 대적한 일종의 '게릴라'였습니다. 그들 가운데는 옷 속에 단검을 품고 다니면서 은밀히 로마 군인들을 척살하는, 이른바 '시카리'(암살단)도 있었습니다.

예수님은 특히 바리사이들과 맞서 싸우셨습니다. 그러면서도 한편으로는 많은 점에서 바리사이들과 매우 가까웠습니다. 예수님이 좋은 관계를 맺고 지낸 바리사이들도 여럿 있었습니다. 그러나 그들의 행업 사상은 배척하셨습니다. 특히 마태오 복음서에 등장하는 바리사이들에 대한 모진 비난은, 예루살렘 멸망 후의 전개 과정을 고려해야 이해할 수 있습니다. 바리사이파는 예루살렘 멸망 이후까지 존속한 유일한 유다교 집단이었습니다. 그들은 의도적으로 그리스도인들을 회당에서 축출했습니다. 그러나 바오로 시대에는 이런 엄격한 경계가 존재하지 않았습니다. 바오로도 바리사이들을 유다교 내에서 가장 엄격한 집단이라 했습니다.

바오로는 그의 바리사이 학교에서 유다교 율법을 어떻게 체험했을까요? 사실 훗날 그의 사유는 끊임없이 이 물음을 에돕니다. 바오로는 분명히 율법에 매혹되어 있었습니다. 그는 열심으로 모든 계명을 엄수하고자 했습니다. 이것은 방종과 타락으로 점철된 환경 속에서 바오로를 안전하게 지켜 주었습니다. 필경 그의 개인적 정체성에도 확신을 부여했을 것입니다. 누군가 기를 쓰고 계명을 지키는 것은 대개 자신이 불안하기 때문입니다. 흔히 그런 사람은 내적 안정감과 명료성을 율법에서 기대하곤 하지요. 자신의 내면과 무의식적 성향의 위험이 두려워 율법에 의지하는 것입니다. 그들에게 율법 준수는 내면의 혼란을 다잡아 주는 일종의 코르셋 같은 것입니다.

열성적 율법 준수에는 또 하나의 동인이 있습니다. 그것은 더욱 큰 업적을 통해 자신의 가치를 입증하려는 욕구입니다. 심리학적으로, 일부 유형의 사람들은 업적을 통해 자신과 타인에게 자신의 가치를 입증해야 한다는 강박에 시달립니다. 이들은 자신의 내적 가치를 느끼지 못하기 때문에, 업적을 통해 자신의 무가치에 대한 두려움을 극복하려는 것입니다. 하지만 이것이 성공하는 경우는 거의 없습니다. 오히려 두려움은 타인에 대한 분노와 냉혹으로 더욱 심화되지요. 바오로가 체험한 율법은 유다인들이 전형적으로 체험하는 율법이 아니었습니다. 유다인들은 율법을 하느님의 자비로 체험했으니까요.

바오로의 체험은 분명 그의 심리 구조와 관련이 있습니다. 바오로의 내면에는 강박 성향이 있었던 것 같습니다. 율법에서의 해방에 관한 그의 메시지가 강박에 시달리는 사람들에게 특별한 복음이 되는 것도 바로 그런 까닭에서입니다. 오늘날에도 자신의 가치를 업적을 통해 입증하려는 성향이 만연해 있습니다. 그래서 바오로의 메시지는 우리에게도 살아 있습니다.

바오로의 경우, 자신의 무가치에 대한 두려움이 새로운 구원의 길을 좇는 사람들을 무차별 박해하는 것으로 표출되었습니다. 루카는 이 극단성을 이렇게 묘사합니다. "사울은 여전히 주님의 제자들을 향하여 살기를 내뿜었다"(사도 9,1). 그리고 바오로 스스로 이렇게 말하게 합니다. "나는 그들에게 너무나 격분하여 나라 밖 여러 고을까지 그들을 쫓아갔습니다"(사도 26,11). 사람이 무엇인가를 이토록 극단적으로 박해할 때는, 그 무엇이 그의 내면을 어떤 식으로든 매혹하고 있음이 분명합니다. 그렇지 않다면 그처럼 지독하게 맞서 싸우지는 않지요. 요컨대 바오로는 그에게 안정감과 확신을 준 율법의 명확성과, 스테파노를 비롯한 새로운 길의 추종자들이 선포하는 자유, 이 두 가지 매혹 사이를 오락가락했을 것입니다. 격분의 정점에 이르자 자유가 주는 매혹이 점점 더 커졌습니다. 바오로가 회심에 마음을 여니 지금까지의 삶이 완전히 무너지고 맙니다. 그러나 회심 후에도 바오로의 뜨거운 열정은 변하지 않습니다. 그는 자유와 규범 사이에서, 그리스도께 대한 매혹과 생각 다른 사람들에 대한 분노 사이를 끊임없이 방황합니다. 그래도 마음밭은 같은 모습이지요. 이제 그리스도께서 그 마음을 당신 일에 쓰셔서, 바오로는 많은 이를 위한 구원의 샘이 됩니다.

이스라엘 백성에게 율법은 하느님의 선물입니다. 하느님은 당신 백성에게 삶의 성취를 보증하는 슬기로운 율법을 선사하셨기에 찬양받으십니다. 바오로도 율법의 이 긍정적인 면을 체험했습니다. 이것은 여러 표현에서 드러납니다. 그러나 율법 때문에 개인적인 좌절도 맛보았습니다. 아무리 의지를 곧추세우고 분발해도, 율법 전체를 온전히 준행할 수는 없음을 절감했습니다. 그는 이 체험 때문에 율법을 자유롭게 해석하는 그리스도인들을 박해했고, 또 바로 이 체험 때문에 그리스도께 회심했습니다.

바오로가 바리사이로서 겪은 긴장을 우리도 잘 알고 있습니다. 오늘날에도 사람들은 노선이 명확하게 설정되기를 갈망합니다. 해야 할 일을 명료하고 치밀하게 정해 주는 근본주의 집단이야말로 불안에 시달리는 이들에게 강력한 흡인력을 발휘합니다. 이들은 율법을 엄격하게 지킴으로써 내적 안정과 확실성을 제공하는 집단에 확고히 소속되고 싶어 합니다. 그러나 바오로가 겪은 것과 동일한 갈등을 체험하는 이가 하고많습니다. 엄격한 규정들을 끝까지 지켜 낼 재간이 없는 거지요. 그리하여 말로는 엄격한 율법을 설파하지만 남몰래 율법의 느슨한 일면을 즐기는 이중생활로 도피하거나, 율법에서 겪은 좌절을 다른 이들과 맞서 싸움으로써 털어 내려 합니다. 경직된 율법 준수에서 노정되는 공격성이 타인을 겨냥합니다. 바오로는 이런 상황에 관해서도 오늘 우리에게 중요한 것을 말해 줍니다.

비교

바오로 시대에는 각종 비교秘敎들이 큰 매력을 발산하고 있었습니다. 이것들은 본디 그리스에서 유래하는데, 데메테르를 섬기는 엘레우시스 비교, 소아시아의 디오니시우스 비교와 아도니스 숭배, 이집트의 이시스 비교, 페르시아의 미트라 비교 따위입니다. 비교가 매혹적인 이유는 관심의 초점을 개인에게 맞추었기 때문입니다. 각 개인은 비의전수의식을 통해 사람 됨의 비밀을 전수받았습니다. 비교제의 참석자들의 체험은 철저히 비밀에 부쳐졌고 이는 엘리트 의식을 부추겼습니다. 그들은 자신을 특별한 존재로 느꼈지요. 이 점은 특히 군인과 옛 노예들에게 중요했습니다. 비교제의에서 그들은 신의 운명에 동참했습니다. 한밤중의 의식에서 신의 생명에 잠기고 그 생명을 부여받을 때, 자신이 존중받고 있다고 느꼈습니다. 여성의 참여를 허용한 비교도 있었지만, 미트라 제의에는 남성들만 참석할 수 있었습니다. 여성들이 주도적 역할을 한 비교제의도 여럿입니다.

바오로도 분명 비교제의에 대해 익히 알고 있었을 것입니다. 온갖 종교의 온상이었던 그리스 항구도시 코린토에서, 바오로는 다양한 비교제의들을 접할 수 있었습니다. 그리스도인들은 도처에서 비교를 접했습니다. 바오로는 코린토 전·후서에서 종종 비교 용어를 구사합니다. 그리고 코린토 신자들의 비교제의 체험을 바탕으로 주님 만찬을 해석하기도 합니다. 그러나 동시에, 주님 만찬을 비교제의와 엄격히 구별합니다. 바오로는 코린토 신자들의 갈망을 꿰뚫고 있었습니다. 그것은 오늘날 우리의 갈망이기도 합니다. 우리는 의무를 다하는 걸로 만족하고 싶지는 않습니다. 하느님과 함께하고, 하느님 생명의 한몫을 누리기를 갈망합니다. 이 불가해한 세상에서 제대를 중심으로 모이는 무리에 속하기를 갈망합니다. 그리하여 그리스도와, 그리스도 안에 계시는 하느님 친히 우리 가운데 계시면서 우리에게 당신의 신적 사랑과 생명을 선사하심을 확신하고 싶습니다.

여성을 의식에 참여시키는 비교의 개방성은 초기 교회에 영향을 미쳤습니다. 이때 여성의 역할은 대단히 중요했습니다. 그들은 남성과 동등한 권리를 지니고 있었습니다. 그러므로, 여성의 새로운 전례적 역할에 관한 바오로의 답변은 다름 아닌 비교제의를 배경으로 재조명되어야 합니다. 바오로가 (비교에서처럼) 여성에게 자유를 허용하는 것은 어떤 경우이며, 제한하는 것은 또 어떤 경우일까요? 세례와 성찬례에 관한 자신의 신학을 개진할 때 바오로는 비교를 배경으로 삼았습니다. 코린토 신자들의 갈망을 간파한 그는, 그 갈망이 예수 그리스도의 운명에 동참함으로써 성취됨을 적시했습니다. 그러나 전례를 통해서만 예수 그리스도의 운명에 동참하는 것이 아닙니다. 그것은 일상에서 성취됩니다. 바오로는 일상 속에서 예수님의 죽음에 동참했거니와 부활의 신비 또한 그의 몸에서 드러났습니다.

희생 제의

비교 말고도, 당시에는 우상에게 희생 제물을 바치고 식사를 하는 제의들이 흔했습니다. 바오로는 코린토 전서에서 이에 관해 언급합니다. 사람들이 시장에서 구입하는 고기는 대부분 그런 우상들에게 바친 희생 제의에서 흘러나왔습니다. 이를테면 고대 신전은 시장에 고기를 공급하는 일종의 도축장이었습니다. 사람들은 우상에게 바친 고기의 일부를 제의 현장에서 먹었고, 나머지는 시장에 내다 팔았습니다. 로마인뿐 아니라 그리스인들도 희생 제의에 익숙했습니다. 사람들은 황소와 양을 도살했습니다. 일부는 신들을 위해 제단에서 태웠고, (더 많은) 나머지는 사람들이 먹었습니다. 그래서 희생 제의는 늘 제물 식사이기도 했습니다. 그들은 이 식사를 통해 신과 교통했습니다. 신 자체가 식사의 실제 주인이었지요. 사람들은 '신과 함께'가 아니라 '신 앞에서' 식사를 했습니다(Klauck, *Herrenmahl und hellenistischer Kult* 49 참조). 이런 식사의 기조는 역시 신과 그 은혜에 대한 감사였습니다. 식사는 쾌락과 방종으로 흥청대었습니다. 고대 작가들은 이런 제물 식사를 맹렬히 비난하고 조롱했습니다. 그들은 혹시 신이 이런 제물 식사를 구경이라도 하게 된다면 제 머리를 감싸 쥘 것이라고 주장했습니다.

주님 만찬을 (이따금 만취도 동반하는) 일상의 식사와 혼동하지 말라고 코린토 신자들의 양심에 호소할 때, 바오로는 이런 희생 제의를 염두에 두었던 것입니다. 그리고 우상에게 바쳤던 희생 제물을 그리스도인들이 먹어도 되는가라는 문제도 다룹니다. 코린토 신자들은 고기를 살 때, 그것이 행여 우상에게 바쳤던 제물이 아닐까 끊임없이 의심했습니다. 그들은 그런 고기가 나오는 식사에 자주 초대받았습니다. 당시 많은 식사 모임은 우상에게 바친 희생 제물 식사와 밀접한 관계가 있었기 때문입니다. 물론 거기에는 상류층 그리스도인들도 초대받곤 했지요.

고대에는 도시의 복리에 공헌한 특정 영웅들의 숭배 의식도 있었습니다. 그들은 사후에 신격화되기도 했습니다. 로마인들에게는 황제 숭배가 그런 관습에 해당합니다. 황제는 은혜를 베푼 자로 여겨졌고, 그를 기리기 위해 사람들은 제물을 바쳤습니다. 훗날에는 황제에게 제물을 바치는지 마는지의 여부로 그리스도인들을 가려내기도 했습니다. 그들은 하느님 한 분만 섬기기를 고집했으니까요. 루카는 로마의 통치자 이데올로기를 비판합니다. 참된 평화의 임금은 오직 예수님 한 분이시요, 이 세상 임금들은 백성 위에 군림하고 자신을 은인이라 부르게 한다고 비판합니다. 안타깝게도 바오로에게는 이런 비판적 관점이 없습니다. 로마서 13장의 언설은 오히려 공권력에 꽤나 우호적입니다. 그리스도인들이 국가에 대해 어떤 태도를 취해야 하는가라는 문제는, 그러니까 이미 초기 교회에서도 꽤 논란이 되었다고 하겠습니다. 그리고 이 물음에는 오늘날에도 다채로운 대답이 제시되고 있습니다.

바오로의 시대적 배경을 고려해야만 그를 올바로 이해할 수 있습니다. 바오로는 영적 갈망을 지닌 사람들에게 예수님의 말씀을 선포하려 애썼습니다. 그리하여 그 말씀에 귀 기울이고 그 안에서 위대한 자유와 생명력과 사랑의 길을 알아보게끔 인도했습니다. 바오로는 사람들의 갈망을 간파했지만 그들에게 맞장구치지는 않았습니다. 그에게 무엇보다 중요한 것은, 회심과 그리스도 인식에 관한 자신의 체험을 사람들에게 전하는 일이었습니다. 이때 바오로는 누구에게 말하고 편지 쓰는가에 따라 표현을 달리해야 했습니다. 바오로의 모든 언명에서 끊임없이 나 자신의 물음과 갈망들을 스스로 깨달아 살피는 것이 중요합니다. 오늘 나에게는 무엇이 복음입니까? 사도의 말씀에서 나의 길을 어떻게 찾아낼 수 있을까요? 내가 바오로와 나누어 가질 수 있는 체험은 무엇인지요?

2

회심 체험

당시 그리스도인들은 뭔가 '새로운 것'을 선포하고 다녔습니다. 바오로는 이 '새로운 것'에 대한 두려움 때문에 그들을 박해했습니다. 율법에서 해방된 그리스도인들에게 전염되면, 자신이 평생 공들여 쌓은 탑이 무너지지 않을까 두려웠습니다. 바오로는 그리스도인들을 박해함으로써 이 두려움을 이겨 보려 했지만 실패했습니다. 외부에서 엄습한 한 사건이 그의 뜻을 꺾어 버렸고, 한순간에 그를 그 새로운 자유의 가장 옹골찬 선포자로 만들었습니다. 바오로는 자신의 회심을 이렇게 서술합니다. "그러나 어머니 배 속에 있을 때부터 나를 따로 뽑으시어 당신의 은총으로 부르신 하느님께서 기꺼이 마음을 정하시어, 내가 당신의 아드님을 다른 민족들에게 전할 수 있도록 그분을 내 안에 계시해 주셨습니다. 그때에 나는 어떠한 사람과도 바로 상의하지 않았습니다"(갈라 1,15-16). 바오로는 자신이 처음부터 하느님께 선택되고 부름 받았다고 생각합니다. 자신의 회심을 하느님의 일로 여깁니다. 하느님 친히 당신 아드님을 바오로에게 계시하셨고, 이 일은 그의 삶을 완전히 바꾸어 놓았습니다. 바오로는 자신의 회심을 요컨대 성부에 의한 성자의 계시로 묘사합니다. 하느님 친히 개입하셨습니다. 회심은 하느님의 역사役事, 그분 은총의 작용이었습니다. 삶의 근원적 단절이 아니라 하느님께 선택되었다는 표지였습니다. 하느님은 바오로를 어머니 배 속에서부터 당신을 위해 따로 가려내셨고, 당신 은총의 각별한 도구로 선택하셨습니다. 바오로는 자신이 늘 하느님께 부름 받고 있었다고 느꼈습니다. 다만 부르심의 방식이 회심을 통해 그에게 절실한 것으로 바뀌었을 따름입니다. 하느님이 당신 아드님을 그에게 계시하셨을 때, 바오로는 자신이 참으로 부름 받았음을 분명히 깨달았습니다. 여기서 바오로는 '계시하다'(apokalyptein)라는 낱말을 사용합니다. 이 말은 하느님이 감춰져 있던 어떤 것을 밝히고 드러내심을 뜻합니다(Schlier 55 참조). 바오로의 영혼 속에 완전히 감춰지고 가려져 있던 것을 하느님이 뚜렷이 드러나게 하셨습니다. 그리스도인들에 대한 극단적 분노 속에서 바오로의 영혼이 그리스도와 대면했음을 이 말마디 자체가 드러내 줍니다. 그러나 바오로는 이를 의식하지 못했습니다. 가려져 있던 것이 벗겨짐으로써, 비로소 자신의 깊디깊은 갈망과 마주하게 되었습니다.

융C.G. Jung은 바오로의 회심을 심층심리학적 개념으로 설명합니다. "사울은 무의식적으로 이미 오래전부터 그리스도인이었다. 이 점을 염두에 두어야 그리스도인에 대한 그의 광적인 증오가 설명된다. 흔히 그런 광증은 내면의 회의懷疑를 공격적으로 극복해야 하는 사람들에게서 나타나기 때문이다"(Jung, *Ges. Werke* VIII 248, Theißen 237에서 재인용). 게르트 타이센Gerd Theißen은 이 해석을 계승합니다. "바오로는 그리스도인들을 박해하면서 무의식중에 자신을 박해했다. 그리스도는 바오로 자신의 부정적 정체성을 상징한다. 즉, 그가 자신에게서 인정하고 싶지 않았던, 의식적으로 멀리하려고 했던 모든 측면을 상징한다. 바오로는 율법을 지킬 능력이 없었고 율법이 요구하는 바가 두려웠다. 그는 이것을 억압했다. 두려움을 직시하거나 두려움과 정면 승부하지 못하고 율법에서 벗어난 작은 집단을 박해함으로써 자신의 무능과 두려움을 억눌렀다"(Theißen 245). 회심에는 심리적 요소가 있습니다. 회심은 마음속에서 일어납니다. 그러나 여기서 바오로는 하느님 친히 자신의 삶에 개입하셨음을 봅니다.

루카는 사도행전에서 이 개입이 어떻게 이루어졌는지 묘사합니다. 회심에 관한 루카의 3중 서술은 한편으로는 하느님의 역사役事를, 다른 한편으로는 바오로를 회심으로 이끈 내면의 과정을 그 시대의 표현 방식으로 묘사하려는 시도였다고 말할 수 있겠습니다. 루카가 보기에 바오로를 완전히 바꾸어 놓은 것은 예수님과의 만남이었습니다. 이 만남은 환시 중에 이루어집니다. 환시 중에 바오로는 자신을 완전히 뒤집어 바꾸는 모종의 사건을 겪습니다. 루카는 이 환시를 그리스 수사학의 표현 기법을 사용하여 세 차례 묘사합니다. 그가 환시를 얼마나 중요시했는지 알겠습니다. 루카는 바오로의 사도 소명보다 회심을 더 강조합니다. 그것은 그리스도인의 적을 그리스도교의 가장 위대한 사도로 변화시킨 종교적·심리적 체험이었습니다.

> 사울이 길을 떠나 다마스쿠스에 가까이 이르렀을 때, 갑자기 하늘에서 빛이 번쩍이며 그의 둘레를 비추었다. 그는 땅에 엎어졌다. 그리고 "사울아, 사울아, 왜 나를 박해하느냐?" 하고 자기에게 말하는 소리를 들었다. 사울이 "주님, 주님은 누구십니까?" 하고 묻자 그분께서 대답하셨다. "나는 네가 박해하는 예수다. 이제 일어나 성안으로 들어가거라. 네가 해야 할 일을 누가 일러 줄 것이다"(사도 9,3-6).

사울이 실제로 박해한 것은 예수님이 아니라 그리스도인들이었습니다. 그러다가 마침내 그리스도인들이 믿는 예수님과 맞닥뜨립니다. 사울은 땅에 엎어졌습니다. 동행하던 사람들은 소리는 들었지만 아무것도 보지 못했습니다. "사울은 땅에서 일어나 눈을 떴으나 아무것도 볼 수가 없었다"(사도 9,8)고 합니다. 바오로 필생의 '건물'이 허물어져 내렸습니다. 그는 부활하신 분과 이렇게 만남으로써 철저히 바뀌었습니다. 앞의 사도행전 인용구를 초기 은수자들은 이렇게 해석했습니다. '바오로가 아무것도 보지 못했을 때, 그는 하느님을 보았다.' 그 순간 바오로에게는 모든 하느님상이 깨어졌습니다. 이제 그에게 남은 표상이라곤 아무것도 없습니다. 그러나 온갖 하느님상이 깨지는 바로 이 순간, 바오로는 참하느님, 예수 그리스도의 아버지께 마음을 열었습니다. 바오로가 자신에 대해 가지고 있던 표상들도 아마 함께 깨어졌을 것입니다. '광신자'가 지녔던 표상은 환상이 되어 흩어져 버렸습니다. 바오로는 자기 자신과, 자신의 진실과 가차 없이 맞닥뜨렸습니다. 이것이 그를 땅바닥에 내동댕이쳤습니다. 땅바닥에서 바오로는 자신의 무력함을 깨달았습니다. 제 힘으로는 결코 율법을 성취하거나 하느님 뜻에 맞갖게 살 수 없을 터였습니다.

다마스쿠스 가까이에 이르렀을 때 사울은 삶을 결정짓는 체험을 했습니다. 율법을 지키려는 그의 모든 노력과 순수한 신앙을 위한 열정은 전적으로 선의에서 비롯했지만, 그 방향이 틀렸다는 사실을 깨달았던 것입니다. 사울은 자신의 열정과 노력으로 의로움을 획득할 수 있으리라 생각했습니다. 그런데 지금, 제 힘으로 얻을 수 없었던 뭔가가 주어졌습니다. 일거에 모든 것이 분명해졌습니다. 그러나 우선은 모든 것이 캄캄했습니다. 지금까지 살아온 삶의 의미가 흐

려졌습니다. 새로운 시야가 열릴 때까지, 그는 이 어둠을 사흘 동안 견뎌야 했습니다. 이 어둠 속에서 사울은 사흘 동안 아무것도 먹지 않고 자기 자신과 대면했습니다. 율법에 대한 열정, 율법을 지키려는 노력, 스테파노처럼 율법을 달리 해석하는 유다계 그리스도인들에 대한 분노 등, 그때까지 그가 최고의 지식과 양심으로 고수해 온 모든 것이 의심스러워졌습니다.

일찍이 헤르만 헤세는 "우리 안에 있지 않은 것은, 우리를 격앙시키지 않는다"라고 했습니다. 바오로는 유다교 전통에 대한 스테파노의 해석에 뭔가 참된 것이 있다는 무거운 예감이 자기 마음을 휘젓는 것을 느꼈기 때문에, 그 '새로운 길'에 대해 그렇게 격분했던 것입니다. 바오로는 스테파노의 죽음을 눈여겨보았고, 거기서 예수와 마찬가지로 자신을 박해하고 살해하는 자들을 위해 기도하고 그들을 용서하면서 죽어 가는 사람을 발견했습니다. 루카는 스테파노를 빛나는 천사로 묘사합니다. 최고 의회에 앉아 있던 모든 사람에게 "그의 얼굴은 천사의 얼굴처럼"(사도 6,15) 보였습니다. 이 모습이 사울의 영혼 깊이 새겨졌습니다. 그 모습이 이 체험으로 말미암아 생생히 깨어났습니다. 이제 사울은 자신의 깊디깊은 갈망이 본디 어디로 향하고 있었는지를 감지합니다. 그의 열정은 참되었으나, 눈이 멀어 보지를 못했습니다. 이제는 보게 되었습니다. 그러나 우선은 자신의 맹목을 새삼 비통하게 절감해야 했습니다.

하나니아스가 안수하자 바오로는 성령으로 가득 찹니다. "그러자 곧 사울의 눈에서 비늘 같은 것이 떨어지면서, 다시 보게 되었다. 그는 일어나 세례를 받았다"(사도 9,18). 한 인간의 애정 어린 손길이 바오로에게 예수의 이름으로 성령을 약속하고, 그 성령을 바오로 안에 흘러들게 함으로써 바오로를 완전히 변화시킵니다. 바오로의 눈에서 비늘 같은 것이 떨어져 나갑니다. 이제 그는 꿰뚫어 봅니다. 바오로는 자신이 일생 동안 진정으로 갈망해 왔던 것이 무엇인지 깨닫습니다. 그는 똑바로 설 수 있습니다. 그리고 세례를 받습니다. 세례를 통해 바오로는 다마스쿠스로 오는 길에 만났던 예수 그리스도와 결합합니다. 바오로의 하느님상을 흐리게 하고, 그의 자화상(완벽한 인간의 모습, 스승의 기대에 부합하는 모습, 자기 자신에 관해 꿈꾸었던 모습)도 흐리게 했던 모든 관념과 표상들이 세례를 통해 씻겨 나갑니다. 세례를 통해 바오로는 성령으로 충만해집니다. 이제 바오로 안에서 역사하시는 성령 체험이 핵심이 될 것입니다. 이 체험에 힘입어 바오로는 율법에 관한 자신의 교설을 정립하고, 이 체험에 힘입어 넓은 세상으로 나아가 예수 그리스도의 복음을 선포합니다.

루카는 사도행전 9장에서 사울의 회심을 이야기하되, 바오로의 입을 빌려 두 번에 걸쳐 각각 다른 방식으로 묘사합니다. 한 번은 성전 앞뜰에서 그를 죽이려고 하는 유다인들 앞에서, 또 한 번은 마지막 유다 임금 아그리파스와 그의 여동생 베르니케와 로마 총독 페스투스 앞에서입니다. 그런데

일견 앞뒤가 안 맞는 듯하지요. 첫째 이야기에서는 바오로로 하여금 함께 있던 이들이 빛은 보았지만 (그에게 말씀하시는 분의) 소리는 듣지 못했다고 말하도록 합니다(사도 22,9). 루카 자신은 달리 이야기합니다(사도 9,7: "동행하던 사람들은 소리는 들었지만 아무도 볼 수 없었으므로 …"). 유다인들에게 청각은 인간이 하느님께 자신을 여는 결정적 기관입니다. 유다인 동행자들은 바오로가 들은 목소리를 듣지 못했습니다. 이제는 바오로의 말에도 귀 기울이지 않습니다. 그러면서 자기들은 하느님의 말씀을 듣는다고 자부합니다. 그들의 귀는 닫혀 있습니다. 그러니 적어도 사실을 바로 보기라도 해야지요. 과연 그들은 빛을 보았고 바오로가 눈이 멀었다는 사실을 보긴 보았지요. 유다인들 앞에서 바오로는 예수님이 자신에게 이방인들에게 그분을 증언하는 사명을 주셨다고 이야기합니다. 이것을 유다인들은 용납하지 못합니다. 그들은 소리칩니다. "저런 자는 이 세상에서 없애 버려야 한다. 살려 두어서는 안 된다"(사도 22,22).

회심 체험에 관한 둘째 이야기는 유다 임금 아그리파스 앞에서 했습니다. 이 이야기의 핵심은 동행자들의 반응이 아니라 바오로에게 하신 예수님의 말씀입니다. 여기서 바오로는 예수님의 말씀에 이렇게 덧붙입니다. "뾰족한 막대기를 차면 너만 아프다"(사도 26,14). 예수님이 그의 박해 행위를, 이를테면 심리학적으로 해석해 주셨지요. 사울은 예수님을 거슬러서만 싸운 게 아니라, 자신의 확신을 거슬러 싸우고 있었던 것입니다. 내면 깊은 곳에서는 무엇이 진리인지 알고 있으나, 사울은 그 진리를 인정하려고 하지 않습니다. 하지만 언제까지나 본성을 거슬러 싸울 수는 없는 노릇이지요. 루카는 그리스도에 대한 믿음이 영적 인간의 본성에 부합한다는 사실을 우리에게 말하고 싶었던 것입니다. 진심으로 찾아 헤매는 사람이 언제까지나 자신 안에 거하시는 그리스도를 거슬러 격분할 수는 없는 법입니다. 예수님은 당신 현시의 의미를 좀 더 명확히 설명해 주십니다.

> 내가 너에게 나타난 것은 너를 종으로, 그리고 네가 나를 본 것과 또 내가 앞으로 너에게 나타내 보일 것의 증인으로 선택하기 위해서다. 나는 너를 이 백성과 다른 민족들에게서 구해 주겠다. 이제 내가 너를 그들에게 보낸다. 그들의 눈을 뜨게 하여, 그들이 어둠에서 빛으로, 사탄의 권세에서 하느님께로 돌아와 죄를 용서받고 나에 대한 믿음으로 거룩하게 된 이들과 함께 상속 재산을 받게 하려는 것이다(사도 26,16-18).

이제 그리스식으로 교육받은 사람들 앞에서 바오로는 보기와 눈뜨기를 강조합니다. 바오로의 소명은 자신이 본 것을 증언하는 일입니다. 바오로는 모종의 중요한 것을 체험했습니다. 그는 그것을 증언합니다. 그것은 교설이 아니라, 바오로 자신이 체험한 것, 본 것입니다. 바오로는 사상事象의 본질을 꿰뚫어 보았습니다. 그리스도를 보았고, 그분 안에서 하느님을 보았습니다. 이제 그의 사명은 유다인과 이방인들의 삶이 밝아지도록, 자신의 참삶을 방해하는 것이 무엇인지 깨닫도록, 그들의 눈을 뜨게 해 주는 것입니다. 바오로에게 개안開眼의 참된 목적은, 예수님의 부활이 성경에 따른 일이며 부활하신 예수님은 유다 민족뿐 아니라 이방인들에게도 빛을 밝혀 주시리라는 것을 유다인들에게 분명히 깨우쳐 주는 것입니다. 여기서 믿음은 빛으로 이해되고 있습니다. 그중 부활은 가장 밝은 빛으로, 인간을 비추고 죽음의 암흑조차 밝혀 줍니다. 아그리파스는 바오로의 말뜻을 이해합니다. "당신은 조금 있으면 나를 설득하여 그리스도인으로 행세하게 만들겠군"(사도 26,28). 그러나 회의적인 그리스인의 전형, 페스투스는 이렇게 소리칩니다. "바오로, 당신 미쳤구려. 공부를 너무 많이 해서 미치고 말았군"(사도 26,24).

 루카가 바오로 삶의 이 핵심 사건을 이처럼 상세히 이야기하는 까닭은, 이것이 자신의 신학에 중요하기 때문입니다. 루카는 바오로를 '사도'로 지칭하지 않습니다. 그에게 바오로는 진정한 이방인 선교사입니다. 그리스도 친히 바오로에게 그 사명을 맡기셨습니다. 아무튼 루카는 회심 사건 묘사를 통해 바오로의 체험을 옳게 이해한 셈입니다. 바오로에게 부활하신 분이 친히 나타나신 것은 삶의 핵심 체험이었습니다. 바오로는 이 사건을 이렇게 묘사합니다. "맨 마지막으로는 칠삭둥이 같은 나에게도 나타나셨습니다. 사실 나는 사도들 가운데 가장 보잘것없는 자로서, 사도라고 불릴 자격조차 없는 몸입니다. 하느님의 교회를 박해하였기 때문입니다. 그러나 하느님의 은총으로 지금의 내가 되었습니다. 하느님께서 나에게 베푸신 은총은 헛되지 않았습니다. 나는 그들 가운데 누구보다도 애를 많이 썼습니다. 그러나 그것은 내가 아니라 나와 함께 있는 하느님의 은총이 한 것입니다"(1코린 15,8-10). '칠삭둥이'(ektroma)가 무엇을 의미하든 (바오로가 자신을 비방하는 적대자들의 말을 인용하는 것인지, 아니면 구약성경의 말씀으로 자신을 낮추고 있는 것인지?) 바오로는 여기서 부활하신 분이 다른 사도들에게 나타나셨듯이 자신에게도 나타나셨다고 주장하고 있습니다. 바오로는 예수님을 개인적으로 알지는 못했을 것입니다. 코린토 후서 5장 16절("우리가 그리스도를 속된 기준으로 이해하였을지라도 이제는 더 이상 그렇게 이해하지 않습니다")은 바오로가 예루살렘에서 공부할 때 지상 예수님을 먼발치로 잠깐 보았음을 암시하는 것일 수도 있으나, 단언할 수는 없습니다. 아무튼 중요한 것은, 바오로가 부활하신 분을 만났다는 사실입니다. 이 만남을 통해 예수님의 실체가 바오로에게 환히 인식되었습니다. 바오로는 예수님의 결정적 메시지를 알아들었습니다. 바오로에게 그 메시지는 예수님의 이런저런 말씀에 있는 것이 아니라, 하느님께서 십자가에 달렸던 분을 깨워 일으키셨다는 사실에 있습니다. 분명 예수 그리스도와의 만남은 신학적 통찰 이상의 것이었습니다. 진짜 만남이었습니다. 이 점은 바오로의 글에서 거듭 뚜렷이 드러납니다. 나자렛 예수님이 바오로를 온전히 사로잡았으니, 바오로는 그분을 위해, 그분의 복음을 선포하는 데 온 힘을 쏟아 부었습니다.

회심은 바오로를 내적으로 완전히 바꾸어 놓았습니다. 그러나 회심 후에도 성향만큼은 예전과 같습니다. 한때 열광적 율법 추종자였다면, 지금은 자유의 열정적 옹호자가 되었습니다. 열광과 열정은 같은 속성이지요. 바오로로 하여금 모든 계명을 고통스러울 만큼 엄격히 지키도록 몰아친 강박증적 특성들이 회심 후에도 종종 나타나는 바, 한편으로는 그리스도교적 자유를 선포하면서 다른 한편으로는 그리스도 교회에서 지켜야 할 질서도 거듭 강조하였습니다. 적대자들과 맞서서는 전과 다름없이 격렬하고 때로는 공격적인 언사로 모질게 싸웁니다. 예컨대 갈라티아 신자들에게는 이렇게까지 말합니다. "여러분을 선동하는 자들은 차라리 스스로 거세라도 하면 좋겠습니다"(갈라 5,12). 바오로의 성격은 회심 전과 달라진 게 없습니다. 이것은 우리에게도 위로가 됩니다. 우리 그리스도인들은 신경증적 성향에서 온전히 치유된 것이 아닙니다. 중요한 것은, 하느님께서 (건강하든 병들었든) 우리 삶의 틀을 활용하시고, 그것을 통하여 이 세상에 당신의 축복을 두루 내리신다는 사실입니다.

3

예수 그리스도 체험

바오로는 하느님의 예수님 계시(바오로 묘사), 또는 예수 그리스도와의 만남(루카 묘사)을 어떻게 체험했을까요? 그때 새롭게 명료해진 것은 무엇일까요? 그의 영혼 속에서 무슨 일이 일어났을까요? 그가 얻은 깨달음은 무엇이었을까요? 율법에의 열광을 놓아 버리고 유다인뿐 아니라 이방인들에게까지 복음을 선포하도록 그를 채근한 것은 무엇이었을까요? 바오로에게 그리스도 신앙을 다른 종교들과 구분 짓는 그리스도교의 본질은 무엇이었을까요? 바오로가 유다인과 이방인들에게 선포하려 했고 그것을 위해 온 삶과 힘을 바친 그 '새로운 것'은 무엇일까요? 나는 바오로가 예수 그리스도와의 만남에서 세 가지 결정적 체험을 했다고 생각합니다.

십자가에서 드러난 하느님의 조건 없는 사랑

　십자가에 못 박혔던 예수님을 부활하신 분으로 만난 체험은 바오로에게 말 그대로 놀라운 것이었습니다. 이 만남은 그를 땅에 엎어지게 했습니다. 율법에 충실한 유다인 바오로에게 십자가는 저주였습니다. "나무에 매달린 사람은 모두 저주받은 자다"(갈라 3,13). 예수님이 십자가에서 죽어야 했다면, 경건한 유다인 바오로에게 그것은 예수님이 율법을 지키지 않았고 율법의 저주에 떨어졌다는 것을 뜻합니다. 바로 이 예수님이 바오로와 맞닥뜨린 것입니다. 더구나 부활하신 분으로, 하느님께 의롭다고 인정받고 주님으로 책봉된 분으로 그와 만납니다. 요컨대 바오로의 기존 세계상과 완벽히 모순되는 것이 십자가에서 명백해집니다. 겉보기엔 패배자인데, 승리자입니다. 우리를 위해 죄가 되었던 그분이 죄의 권세를 꺾어 버렸습니다. 율법에 의해 저주받은 그분이 하느님에 의해 깨워 일으켜지고 영광스럽게 되었습니다. 그분이 세상의 참주님이십니다. 그분은 우리를 율법의 강박에서 해방하셨습니다. 그리스도, 부활하신 분이 바오로를 만납니다. 그분은 바오로를 조건 없이 사랑하시는 분이며, 바오로가 모든 계명과 율법을 준수했는지 캐묻지 않는 분이십니다. 바오로는 예수 그리스도와 만남으로써 자신이 조건 없이 사랑받고 있음을 알았고, 율법 엄수의 성과를 앞세우지 않아도 하느님께 인정받을 수 있다는 걸 깨달았습니다. 사람은 율법의 실천이 아니라 믿음으로 의로움을 인정받는다는 논증의 배후에는 바로 이 체험이 자리하고 있습니다. 오늘날 우리로서는 매우 이해하기 힘든 논증이지요.

바오로 자신이 체계적인 의화론을 전개하지는 않았습니다. 그는 늘 특정 상황과 관련지어 의화를 설파했습니다. 한 번은 로마 교회 상황과, 다른 한 번은 갈라티아 교회 상황과 관련된 일이지요. 갈라티아 신자들에게 보낸 서간에서 바오로는 안티오키아 사건과 연계하여 자신의 생각을 개진합니다. 서기 49년 사도 공의회의 합의 내용은 명확하지 않아서 해석도 제각각이었습니다. 야고보 주변 사람들이 안티오키아 교회를 시찰했고, 유다계와 이방계 그리스도인들의 공동 식사를 폐기했습니다. 그들은 유다인들도 부정한 음식을 먹는다는 사실에 경악했지요. 스스럼없이 이방인들과 식사하던 베드로도 야고보 주변 사람들의 반응이 두려워 그들을 멀리합니다. 바오로는 신학적 논거를 제시해 가며 베드로를 질책합니다. 사람을 의롭게 만드는 것은 율법 준수가 아니라, 오직 예수 그리스도에 대한 믿음이라는 것이지요.

> 사람은 율법에 따른 행위가 아니라 예수 그리스도에 대한 믿음으로 의롭게 된다는 사실을 우리는 알고 있습니다. 그래서 우리는 율법에 따른 행위가 아니라 그리스도에 대한 믿음으로 의롭게 되려고 그리스도 예수님을 믿게 되었습니다. 어떠한 인간도 율법에 따른 행위로 의롭게 되지 않기 때문입니다(갈라 2,16).

유다교의 음식 관련 율법과 관련하여, 바오로는 그리스도인들의 자유를 신학적 명제로써 논증하는데, 이때 '의로움'(정의)이라는 당시 유다교의 주요 개념이 도입됩니다. 의로움은 그리스철학자 플라톤에게도 중요한 덕목이었습니다. 그에게 의로움은 사추덕四樞德의 시원始原입니다. 사람은 모름지기 자신의 내적 본성에 따라 의롭게 살아야 한다는 거지요. 바오로는 이를 달리 이해합니다. 의로움은 하느님 앞의 의로움입니다. 바오로는 하느님의 심판에 주목합니다. 하느님이 인간을 심판하십니다. 플라톤의 주장과 달리, 인간은 의로움이라는 덕에 그리 맞갖지 않습니다. 유다교 신학에서는 오히려 인간이 어떻게 하느님 앞에서 의로울 수 있는지가 관건입니다. 이것은 하느님의 심판에 달려 있습니다. 바오로가 바리사이로서 시종일관 충실했던 유다교 전통에서, 인간은 율법을 준수함으로써 의롭게 될 터였습니다. 그럴 때 하느님께서는 인간을 의롭다 하신다는 것입니다. 하느님 앞의 의로움이 바오로에게는 여전히 핵심 개념입니다. 이 점에서 그는 바리사이였던 자신의 과거를 고수하고 있다고 하겠습니다. 그러나 이 의로움에 이르는 길을 바오로는 이제 달리 판단합니다. 인간을 하느님 앞에서 의롭게 만드는 것은 율법의 완수가 아니라 예수 그리스도에 대한 믿음입니다. 예수 그리스도에 대한 믿음은 특히 우리가 매사를 올바로 행하고 있는가, 우리는 의로운가라는 불안의 고리에서 우리를 해방시켜 줍니다. 자신이 과연 옳은 말을 했는지, 남을 공정하게 대하는지, 남이 자신을 옳다고 판단하는지 등을 끊임없이 묻는 사람을 나는 많이 알고 있습니다. 바오로의 메시지는 누구보다도 그들을 위한 것입니다. '그대가 올바른지 근심하지 마시오. 그대를 위해 십자가에서 돌아가신 예수 그리스도를 바라보면, 그런 근심에서 해방될 수 있습니다. 그대는 조건 없이 사랑받고 있습니다. 예수님의 사랑이 그대를 올바르게 만듭니다. 그대는 아주 소중합니다. 그대는 하느님 앞에서 올바르고 의롭습니다.'

로마 신자들에게 보낸 서간에서 바오로는 다른 논증을 전개합니다. 유다인이든 이방인이든 아무도 제 힘으로는 의로울 수 없다는 것이 이 논증의 출발점입니다. 바오로는 율법만 가지고는 이른바 인간에 대한 하느님의 표상에 걸맞은 의로운 인간이 되지 못했다는 유다인들의 체험을 서술합니다. 요컨대 율법은 의로움에 이르는 올바른 길이 아닙니다. 예수 그리스도를 통해 하느님은 믿음의 길이라는 또다른 길을 우리에게 가르쳐 주십니다. 예수 그리스도는 우리를 위해 몸소 죄가 되시고 죄의 권세를 꺾어 버리셨습니다. 그분을 믿으면 우리를 종살이시키는 율법의 권세에서 자유로워집니다. 그때 우리는 의로움에 이르는 다른 길을 체험합니다. 바로 하느님께 조건 없이 받아들여지는 것입니다. 이는 예수 그리스도의 십자가에서 뚜렷이 드러났습니다. 율법은 십자가에서 종언을 고했습니다. 율법의 권세는 십자가에서 폐기되었습니다. 이제 우리는 자유롭습니다. 하느님께 사랑받고 있다고 믿어도 좋습니다. 우리가 하느님 앞에 업적을 내보였기 때문이 아니라, 그분 친히 예수 그리스도 안에서 우리에게 당신의 사랑을 실증해 주셨기 때문입니다.

이 가르침을 어떻게 이해해야 우리에게 의미를 지니게 될까요? 특히 두 가지가 내 가슴에 깊이 와 닿습니다. 한 가지는 다마스쿠스 체험에 암시되어 있습니다. 우리는 하느님이나 사람들 앞에서 자신을 입증하거나 정당화할 필요가 없습니다. 끊임없이 자신을 정당화해야 한다고 생각하는 사람이 많습니다. 대화를 시작하기 무섭게 그들은 반드시, 자신이 지금 하고 있는 행동의 이유와 근거를 찾습니다. 왜 그렇게 행동했는지, 어떻게 했는지, 왜 그런 말을 했는지, 왜 사는지를 내 앞에서 정당화하려 애쓰는 듯합니다. 말하자면 그들은 고소당해 초자아超自我라는 판관 앞에서 자신을 변호해야 한다고 여기는 거지요. 그들은 모든 사람이 자신을 평가하고 판단한다고 생각하고 있습니다. 남들의 호평을 받아야 하는데, 그러기 위해서는 우선 자신을 좋게 평가할 수 있어야지요. 믿음으로 말미암은 의화는 우리가 자신을 정당화해야 한다는 강박에서 해방되었음을 뜻합니다.

의화는 행업이 아니라 오직 믿음으로 말미암는다는 통찰을 종교개혁은 무엇보다 바오로에게서 얻었습니다. 이 주제는 오늘날 더는 중심에 있지 않습니다. 루터가 개인적 절박함으로 갈라티아서와 로마서에서 중요한 통찰을 이끌어 내긴 했지만, 그것이 오늘 우리의 주제는 아닙니다. 루터 시대에 영성을 꼴 지은 것은 행업 관념이었습니다. 바오로가 예루살렘에서 배운 라삐 영성도 그러했지요. 온갖 금욕적·제의적 규정들을 지키지 않아도 하느님 앞에 올바로 설 수 있다는 생각은, 당시 루터에게 실로 해방적인 메시지였습니다. 인간이 하느님 앞에 의롭다고 인정받는 것은 그리스도 안에 있을 때입니다. 그러니 업적을 통해 자신을 정당화할 필요가 없습니다. 그러나 오늘 우리는 실천 없는 믿음을 참 믿음으로 보지 않습니다. 바오로도 "사랑으로 행동하는 믿음만이 중요"(갈라 5,6)하다고 말하지 않습니까? 사랑이 행동으로 표현되지 않는다면, 믿음은 말뿐인 신앙고백에 지나지 않습니다. 루터와 달리 오늘날 우리는 율법과 믿음의 대립을 심리학적으로 이해합니다. 악에 대한 억압이야말로 우리의 관심과 노력을 악에 붙박게 하는 것임을 심리학은 가르쳐 줍니다. 계명 자체가 아무리 좋아도, 율법에 대한 자만은 오히려 영혼 속에 무법성을 꾀어들입니다. 내적 인간을 체험함으로써 참된 의로움의 길로 나아갑니다. 참자아와 만나면 나는 과연 올바로 행동하게 됩니다. 이런 맥락에서, 바오로는 우리를 죄의 법에서 해방시키는 영의 법을 설파합니다(로마 8,2). 영에 인도되는 사람은 자신의 내적 인간과 만납니다. 가장 내밀한 영역은 영의 법이 다스립니다. 거기서는 모든 것이 선합니다. 내 안에 있고 또 내 안의 모든 것을 새롭게 하는 영을 믿으면 선을 행할 수 있습니다. 육을 거슬러 분노하는 대신 영에 이끌려야 합니다. 영을 따라 산다는 것은 자신의 깊은 곳에, 원천에, 내밀한 자아에 바탕하여 살아간다는 것입니다. 그러면 선이 우리 안에 자라날 것입니다.

의화론에서 결정적으로 중요한 것은 자유에 대한 체험입니다. 이 체험이 바오로를 완전히 변화시켰습니다. 그는 갈라티아 신자들에게 말합니다. "그리스도께서는 우리를 자유롭게 하시려고 해방시켜 주셨습니다. 그러니 굳건히 서서 다시는 종살이의 멍에를 메지 마십시오"(갈라 5,1). 이 말이 구체적으로 의미하는 바는, 믿음만 가지게 된다면 비유다인들은 할례 받을 필요가 없다는 것이었습니다. 할례가 매우 유익하다는 사람도 있었고, 할례 받지 않으면 구원받지 못할까 봐 겁내는 사람도 있었습니다. 바오로는 그들에게, 모든 외적 행위는 아무 가치도 없다고 말합니다. 그리스도께서는 우리를 해방하셨습니다. 우리는 스스로 정한 업적이나 기대의 노예가 아니며, 하느님이 만족하시도록 모든 것을 완벽히 이행해야 한다고 스스로 다그치는 부담의 노예도 아닙니다. 오늘 우리와는 상관없는 문제라고 흔히들 생각하지요. 그러나 스스로 정한 명상법이나 각종 수련에 목매는 사람을 나는 많이 알고 있습니다. 비종교적 영역에도 이런 부자유가 허다합니다. 남들이 자기에게 너무 큰 기대를 가지고 있다고 한탄하는 이도 많습니다. 그들은 이 부담을 못 이겨 무너집니다. 그런데 남들이 자신에게 마음 놓고 기대하는 것은, 그들 스스로가 이 부담을 기꺼이 감당하고 있기 때문이라는 생각은 전혀 하지 못합니다. 이 기대를 충족시키고 말고는 어디까지나 본인의 결단입니다. 남들의 기대를 잣대로 자신을 규정하면, 바오로가 '율법의 권세'라고 부른 것의 손아귀에 떨어지게 됩니다. 각종 다이어트를 꾸준히 실천하고, 매일 몇 킬로미터씩 조깅을 거르지 않으며, 특정한 달밤만을 골라 채소를 심는 일 따위로 스트레스를 받는 사람이 많습니다. 모두가 나름대로 의미가 있겠지요. 바오로 당시와 마찬가지로, 오늘 우리도 외적 규정을 지키는 것이 마치 구원에 이르는 방도인 양, 외적 사상事象에만 의존하는 위험을 감수하고 있습니다. 이런 따위는 모두 효력이 말소되었습니다. 건강이나 영적 성숙 등을 위한 이 모든 부자연스런 노력은 그리스도의 십자가로 폐기되었습니다. 우리는 자유로워졌습니다. 자유 안에서 우리는 예수 그리스도를 통해 우리에게 나타난 사랑에 응답할 수 있습니다. 이 자유는 우리가 하느님께 조건 없이 받아들여졌다는 사실에 근거합니다. 하느님의 조건 없는 사랑은 예수님의 십자가에서 우리에게 나타났습니다. 십자가에서는 죄와 허물조차 하느님의 사랑 안에 포섭됩니다. 이것이 바오로의 가르침입니다.

바오로가 우리에게 촉구하는 자유의 모습은 그가 코린토전서에서 영지주의자들의 물음에 답할 때 뚜렷이 드러납니다. 성性 문제뿐 아니라 우상에게 바친 고기를 먹는 문제에서도 바오로는 매번 영지주의의 주장을 인용한 뒤, 자기가 이해하는 그리스도교적 자유의 관점에서 대답합니다. 영지주의자들은 우상에게 바친 고기를 먹든 안 먹든, 성을 즐기든 말든, 그런 건 전혀 상관없다고 여깁니다. 영으로 사는 사람에게는 "모든 것이 허용되어 있기"(1코린 10,23) 때문이라는 것입니다. 바오로도 이 원칙은 인정하지만 자기 식으로 해석합니다. "하지만, 모든 것이 유익하지는 않습니다"(1코린 10,23). 그리스도인은 주변의 관습에서 자유롭습니다. 그 관습에 얽매이지 않으면서, 그것들을 사람들과 더불어 실천할 수 있습니다. 하지만 자유는 항상 다른 이들을 위한 자유이기도 합니다. 여기서 중요한 것은, 나의 행동이 다른 이를 굳건히 세워 주고 공동체에 유익해야 한다는 점입니다. 공동체를 건설하는 것이 바로 사랑입니다. 그러므로 자유는 사랑 안에서 완성됩니다. 우상에게 바친 고기를 시장에서 사 먹는 행위가 당시로서는 심각했겠지만, 지금 우리의 문제는 아니지요. 그러나 이 문제는 오늘날 다른 방식으로 반복되고 있습니다. 동종요법同種療法이나 진자振子나 그 밖의 대체 의학에 의지하는 것이 행여 악마적 행위가 아닌지 두려워하는 그리스도인을 나는 많이 알고 있습니다. 성수聖水로 십자성호를 긋거나 요가를 수련하는 것도 악마적인 것이 아닌지 묻는 소심한 그리스도인들의 편지도 종종 받습니다. 그들은 온갖 데서 사교와 마귀의 냄새를 맡고 찾아냅니다. 그리고 내가 꽤나 '개방적인' 견해를 피력할라치면 즉시 비교祕敎적이라고 비난합니다. 바오로는 이런 사람들에게, 악마적인 것 따위는 존재하지 않는다고 말합니다. 우리 자신이 무엇인가에 예속될 때, 그것이 바로 악마적인 것이 될 테지요. 이 자유가 오늘 우리에게 절실히 필요합니다. 이 자유가 우리를 교조화와 악마화에서 해방시켜 줄 것입니다. 이 소심한 악마화의 배후에는 생각 다른 사람들에 대한 공격성과 지배욕이 도사리고 있습니다. 이처럼 코린토 교회의 상황은 오늘날에도 매우 현실적입니다. 아무것도 우리를 해칠 수 없다고 바오로는 힘주어 말합니다. 그러나 전전긍긍하는 형제자매들의 양심을 배려하는 일도 매우 중요합니다. 나의 내적 자유는 나를 해방시키지만, 믿음 약한 형제자매들을 위해서라면 나는 이 자유를 기꺼이 포기할 수도 있겠습니다. 그들에게 유익하다면, 나는 사소한 규칙까지 지키렵니다. 그렇다고 이것이 나의 자유를 훼손하지는 않습니다. 모든 외적인 것으로부터의 자유는 또한 내가 온갖 규칙을 거슬러 맹렬히 싸울 필요가 없다는 깨달음으로 인도합니다. 그 모든 것은 상대적입니다. 내게 중요한 것은 내가 섬기는 예수 그리스도뿐입니다. 이 사실이 외적 사상事象들의 고리와 소심한 악마화로부터 나를 자유롭게 합니다.

예수님의 죽음과 부활 ─ 모든 인간적 가치 기준의 전복

바오로는 예수 그리스도와의 만남에서 결정적인 체험을 했습니다. 십자가 죽음이 그가 그때까지 고수한 삶의 구조, 즉 종교적 삶에 대한 그의 관점을 혼돈의 소용돌이 속에 처박아 버린 것입니다. 바오로에게 십자가는 세상이 폐기되고 힘을 빼앗겼다는 것을 상징합니다. 모름지기 자신을 희생하여 자기 가치를 하느님과 인간 앞에서 입증해야 한다는 세상의 잣대가 꺾이고 말았습니다. 바오로는 이렇게 표현합니다. "나는 그리스도와 함께 십자가에 못 박혔습니다. 이제는 내가 사는 것이 아니라 그리스도께서 내 안에 사시는 것입니다. 내가 지금 육신 안에서 사는 것은, 나를 사랑하고 나를 위하여 당신 자신을 바치신 하느님의 아드님에 대한 믿음으로 사는 것입니다"(갈라 2,19-20). 바로 이 구절에 바오로의 결정적 체험이 드러나 있습니다. 그리스도와 함께 십자가에 못 박힘을, 마치 바오로가 그리스도와 함께 고통을 겪기나 한 듯이 금욕 고행과 관련지어 이해하지는 마십시오. 십자가에 못 박힘이란 요컨대 세상 잣대와 기존 가치관의 폐기, 효력 말소를 의미합니다. 십자가에서 바오로가 명백히 깨달은 것은, 종교적 업적이나 율법 준수를 통해 자신을 입증하는 일일랑 전혀 중요하지 않다는 사실입니다. 영성이란 무엇보다 사람이 건강하고 성공했다는 데서 증명되는 게 아닙니다. 우리의 자화상에 들이대는 이 잣대들도 십자가에서 효력이 말소되었습니다.

  십자가에 못 박힘은 또한 이 세상으로부터 자유로워짐을 의미합니다. 그리스도의 십자가에서 폐기되었기에, 이제 세상은 나에게 어떤 권세도 부리지 못합니다. 나를 지배하는 임금이나 황제는 없습니다. 나는 자유롭습니다. 나는 하느님께 속합니다. 십자가에 못 박힘은 정체성의 전환입니다. 엄격한 율법 준수로 두드러졌던 예전의 사울은 십자가에 못 박혔습니다. 그는 전혀 무의미합니다. 이제는 자신의 실존을 온전히 그리스도의 관점에서 이해하는 새로운 바오로가 삽니다. 바오로는 이제 더는 자신의 업적을, 충실한 율법 준봉을 하느님께 보상받으리라는 기대로 살지 않습니다. 오로지 자신을 위해 당신을 바치신 예수 그리스도에 대한 믿음으로 삽니다. 예수 그리스도에게서 바오로가 절실히 체험한 것은, 자신이 조건 없이 사랑받고 있다는 사실입니다. 그는 사랑받기 위해 업적이나 순종, 무결이나 경건 따위의 전제 조건들을 충족시켜야 할 필요가 없습니다. 십자가에서 당신을 바치심으로 나타난 그리스도의 사랑은, 있는 그대로의 바오로에게 향합니다. 예수님의 십자가에서 바오로에게 환히 드러난 이 조건 없는 사랑이, 바오로가 새로운 삶의 집을 짓는 새로운 기초입니다. 중요한 것은 훌륭한 인품이 아니라, 예수 그리스도께 사랑받음입니다.

이제 자신이 사는 새로운 실존을 바오로는 '그리스도 안의 삶'으로 묘사합니다. 이 새로운 실존의 신비적 차원은 나중에 다루려 합니다. 여기서 더 중요한 문제는 '정체성의 전환'입니다. 예수 그리스도 안에 산다는 것은 새로운 자기 이해를 가지고 살아간다는 뜻이기도 합니다. 우리는 흔히 자신의 능력과 특질을 부각시키고, 남들에게 자신을 입증하거나 주장하고, 자신이 누구이며 무엇을 할 수 있고 무엇을 배웠는지 인지함으로써 자기 정체성을 발견·정립합니다. 바오로의 경우, 이런 정체성은 예수님의 십자가에서 깨어지고 전혀 중요하지 않은 것으로 밝혀졌습니다. 중요한 것은, 나 자신을 이해하기를 예수 그리스도께서 나를 이해하시듯 하는 것입니다. 십자가에서 죽으신 예수님이 우리를, 경건하고 훌륭하게 한세상 살아야 한다는 중압감에서 해방시키십니다. 이것은 나에게 중요한 체험입니다. 영성의 길을 가면서, 영성을 좀 더 의젓하고 신실하고 확실하고 강해지는 수단으로 이해하는 사람을 나는 많이 만나 보았습니다. 그들에게 중요한 것은 결국 세상 잣대지요. 그들은 영성이라는 것을 세상 사람 가운데서 좀 더 훌륭하게 살아가기 위한 방법으로 여깁니다. 바오로에게 이런 식의 영성은 십자가에 의해 폐기되었습니다. 물론 바오로의 이 통찰을 절대화할 필요는 없습니다. 자기 영성이 자신의 인간적 성숙과 아무 관계가 없다고 생각하는 사람에게까지 동의할 수야 없겠지요. 그런 사람은 영성을 현실도피의 수단으로 오해하고 있습니다. 나는 이 바오로의 말씀과 통찰을, 자기 가치관을 정당화하는 데 이용하는 사람들도 보았습니다. 그들은 영성이라는 개념을 구체적인 삶과 전혀 무관하게 설정해 놓고 있었지요. 이는 베네딕도 성인이나 바오로 사도의 영성 개념과 맞지 않습니다. 자신의 신학적 설명과 연계하여 바오로 사도는 늘 그리스도인들의 구체적 행동을 이 세상과의 관계 속에서 거론합니다.

바오로는 예수 그리스도 안에서 자기 정체성을 찾은 체험을 이렇게 표현합니다. "나는 율법에서 오는 나의 의로움이 아니라, 그리스도에 대한 믿음으로 말미암은 의로움, 곧 믿음을 바탕으로 하느님에게서 오는 의로움을 지니고 있으려는 것입니다"(필리 3,9). 바오로는 이제 더는 율법 엄수를 통해 자신을 입증해야 할 필요가 없습니다. 심리학적으로 보면, 이 '자기 입증 욕구'는 내면 깊은 곳에 뿌리 틀고 있는 자신의 무가치에 대한 두려움을 극복하려는 시도입니다. 하지만 일할 때나 사람들 앞에서 행동할 때, 그리고 하느님에 대한 신심에서 올바르고자 노력할수록, 우리 내면에서는 아직 부족하다는 두려움이 더욱 커집니다. 예수 그리스도 안에서 바오로는 자신의 업적이 아니라 은총에서, 예수 그리스도에 대한 믿음에서 비롯하는 의로움을 체험했습니다. 그분은 그를 위해 당신을 바치셨고, 십자가 죽음으로 완성에 이르기까지 그를 사랑하셨습니다. 예수님의 죽음을 묵상하고 그분을 이해하게 되었을 때, 바오로는 자신을 입증해야 한다는 중압감에서 해방되었고 하느님께 사랑받고 있다는 것을 마음 깊이 느꼈습니다. 그때 그는 하느님에게서 비롯하는 의로움을 체험했습니다. 바오로에게 이것은 구원·완전함·올바름·존재 허용·은총의 삶·하느님의 조건 없는 사랑을 입은 삶 등의 다른 표현이었습니다. 십자가를 통해 이 사랑은 인간의 온갖 실패와 무능과 죄악을 극복하고, 스스로를 고발하는 우리의 불안한 마음속에 깊이 새겨졌습니다.

바오로의 두 번째 예수 그리스도 체험은 공동체 건설과 관련되어 있습니다. 확실하거니와, 예수 그리스도의 비밀을 이해하는 사람은 권력자가 아니라 바로 민초들입니다. 그들에게 십자가는 희망의 표지입니다. 바오로는 이 체험을 코린토 전서에서 이렇게 표현합니다.

> 형제 여러분, 여러분이 부르심을 받았을 때를 생각해 보십시오. 속된 기준으로 보아 지혜로운 이가 많지 않았고 유력한 이도 많지 않았으며 가문이 좋은 사람도 많지 않았습니다. 그런데 하느님께서는 지혜로운 자들을 부끄럽게 하시려고 이 세상의 어리석은 것을 선택하셨습니다. 그리고 하느님께서는 강한 것을 부끄럽게 하시려고 이 세상의 약한 것을 선택하셨습니다. 하느님께서는 있는 것을 무력하게 만드시려고, 이 세상의 비천한 것과 천대받는 것, 곧 없는 것을 선택하셨습니다. 그리하여 어떠한 인간도 하느님 앞에서 자랑하지 못하게 하셨습니다(1코린 1,26-29).

십자가 체험이 그리스도 공동체의 체험에 반영되어 있습니다. 십자가에서 예수님은 반역자의 치욕스런 죽음을 맞으셨습니다. 그러나 바로 그곳에서 하느님께서는 인간에 대한 당신의 사랑을 환히 드러내셨습니다. 세력권에서 배제되어 변방으로 내쳐진 이들이 예수 그리스도의 비밀을 누구보다 제일 잘 이해합니다. 코린토는 대단한 항구도시였습니다. 그러나 그리스도 공동체에 들어온 이들은 분명, 부유하고 유복한 자들이 아니라 주로 육체노동자, 날품팔이, 노예, 그리고 사회적으로 천대받던 여성들이었습니다. 그리스도 공동체의 특징은 바로 여성들이 중요한 역할을 했다는 것입니다. 여성들은 예수님 말씀에 따라 그들에게 부여된 자유와 평등과 존엄을 향유했습니다. 갈라티아서의 다음 구절은 당시 여성들에게 특별한 매력으로 다가왔습니다. "그래서 유다인도 그리스인도 없고, 종도 자유인도 없으며, 남자와 여자도 없습니다. 여러분은 모두 그리스도 예수님 안에서 '하나'입니다"(갈라 3,28). 물론 코린토 교회에도 부유하고 영향력 큰 그리스도인들이 있었습니다. 그렇지 않았다면 신자들이 함께 모일 장소를 확보할 수 없었을 것입니다.

이제 바오로는 십자가 체험과 그리스도 공동체 체험을 십자가 찬양으로 한데 묶습니다. 내가 하느님을 참으로 알고 있는지 아닌지는 십자가에서 가름됩니다. 바오로는 십자가에 대한 이해를 유다인과 그리스인의 신관과 대비시킵니다.

> 유다인들은 표징을 요구하고 그리스인들은 지혜를 찾습니다. 그러나 우리는 십자가에 못 박히신 그리스도를 선포합니다. 그리스도는 유다인들에게는 걸림돌이고 다른 민족에게는 어리석음입니다. 그렇지만 유다인이든 그리스인이든 부르심을 받은 이들에게 그리스도는 하느님의 힘이시며 하느님의 지혜이십니다. 하느님의 어리석음이 사람보다 더 지혜롭고 하느님의 약함이 사람보다 더 강하기 때문입니다 (1코린 1,22-25).

유다인들은 하느님 권능의 표징을 보고 싶어 합니다. 하느님은 당신이 강력한 분이심을 역사를 통해 실증하셨습니다. 십자가는 유다인들에게 일종의 암호였고 하느님께서 당신을 감추셨다는 사실의 표징입니다. 하느님의 나약함을 보는 것은 유다인들에게 참혹한 일이었습니다. 유다인들은 시편에서 이민족 앞에 당신을 강력한 분으로 드러내시라고 하느님께 끊임없이 탄원합니다. 십자가는 이런 유다인들의 관점을 뒤집어엎습니다. 물론 바오로가 십자가의 비밀을 이해할 수 있었던 것은 어디까지나, 그 비밀이 성경 전편을 통해 거듭 내비치고 있기 때문입니다. 하느님께서는 나약함 가운데서 당신을 계시하신다는 것이, 이사야서 53장 같은 예언서에도 종종 암시되어 있습니다.

그리스인들은 지혜를 추구합니다. 바오로는 그리스철학에 조예가 깊었습니다. 그리스인들에게 지혜란, 진리를 알고 본원적인 것을 파악하고 현상 배후에 숨어 있는 본질을 꿰뚫어 보는 것을 의미합니다. 그리스인들에게 범법자의 죽음은 바보짓이었습니다. 그들에게 신은 고결하고 훌륭하고 의로운 인간, 즉 우주의 이법에 따라 올바르게 살고 행동하는 인간들에게만 자신을 드러냅니다. 십자가는 그리스인들의 인간관과 상충됩니다. 바오로는 지혜에 대한 그리스인들의 갈망을 온전히 받아들이면서도, 하느님의 참지혜는 십자가에서 나타났음을 가르쳐 주고 싶어 합니다. 십자가를 바라보는 사람은 지혜로워집니다. 그는 '그 이상의 것'을 압니다. 하느님과 인간의 심연을 꿰뚫어 봅니다. 그 지혜는 인간적 지혜와 모순됩니다.

바오로는 특히 '완전한 사람들', 이른바 깨친 사람들의 지혜에 대한 영지주의적 갈망에 응답하면서, 바로 그들에게 그리스도의 십자가에서 계시된 하느님의 완전한 지혜를 선포합니다. 바오로는 흔히 미망으로 귀결되는 이 세상의 지혜와 하느님의 지혜를 구별합니다. "우리는 하느님의 신비롭고 또 감추어져 있던 지혜를 말합니다. 그것은 세상이 시작되기 전, 하느님께서 우리의 영광을 위하여 미리 정하신 지혜입니다"(1코린 2,7). 여기서 그는 지혜에 관해 비의祕義와 묵시문학의 언어로 말하며, 참된 영지와 더 심오한 깨달음에 대한 그리스인의 갈망에 응답합니다. 한스 콘첼만Hans Conzelmann은 이런 맥락에서 비교祕敎(Esoterik) 언어를 논합니다. 여기서 관건은 세상의 가장 내밀한 본질, 보통 사람들에게는 감추어져 있는 지혜입니다. 하느님이 십자가에서 우리에게 밝혀 주신 지혜가, 비교제의에서 표출되던 갈망을 충족시킨다는 것입니다. (이 비교제의는 당시 코린토에서도 성행하던 것이었지요.) "완전한 사람들[텔레이오이] 가운데서 지혜를"(1코린 2,6. 『성경』에서는 '성숙한'으로 옮겼음) 선포한다고 할 때, 바오로는 비교제의를 염두에 두고 있습니다. '텔레이오이'*teleioi*는 완전한 사람뿐 아니라, 비교제의를 통해 비의를 전수받은 사람도 가리킵니다. 또한 바오로는 완전한 지혜에 관한 서술을, 하느님께서 세말世末에 당신의 지혜를 밝혀 주시리라 기대하는 유다인들의 갈망과도 관련짓습니다. 묵시문학서들은 당시 널리 유포되고 있었습니다. 요컨대 십자가에서 밝히 드러난 지혜는 결국 그리스인과 유다인의 갈망에 부합합니다. 그 지혜는 유다인도 그리스인도 차마 예상치 못했던 방식으로 그 갈망을 충족시켜 줍니다. 그러나 동시에 모든 인간적 관념을 멀리 뛰어넘습니다.

이 지혜를 세상 권력자들은 깨닫지 못했습니다. "그들이 깨달았더라면 영광의 주님을 십자가에 못 박지 않았을 것입니다"(1코린 2,8). 특정 통치자들만이 예수님의 죽음에 책임을 져야 할 세상 권력은 아닙니다. 그들은 세상의 사고 구조와 잣대들을 대표합니다. 우리 안에도 하느님의 지혜를 깨닫는 것을 방해하는 사고 유형이 있습니다. 하느님의 지혜는 예수님 십자가에서 비로소 우리에게 명료하게 인식됩니다. 왜일까요? 예수님 안에서 비로소 전혀 다른 하느님이 환히 드러나시기 때문입니다. 그분은 굳이 약한 것을 택하시어 당신의 권능을 우리의 약함 안에서 완성하시는 하느님이십니다. 인간의 관념을 깨부수고 좌절시키시는 하느님이십니다. 사실 인간은 관념과 사유 때문에 하느님과 차단됩니다. 우리는 하느님에 관해 숙고하지만 하느님을 만나지 않습니다. 예수님의 십자가를 바라보는 사람은 하느님에 관해 새로이 숙고하기 시작합니다. 그리고 느긋한 '안전거리'를 유지하고는 이 하느님을 결코 만날 수 없다는 것을 깨닫게 됩니다. 이 하느님은 그를 자꾸만 재촉하시니까요. 그는 자신의 사고 유형을 돌파하고 완전한 지혜를 향해 오성을 활짝 엽니다. 십자가에서 우리는 이 세상의 근본을 꿰뚫어 봅니다. 이 근본은 온전치 못하니, 폭력과 악의와 비겁과 죄에 찌들어 있습니다. 십자가에서 우리는 더 깊은 곳을 봅니다. 이 모든 악을 뚫고 우리는 하느님의 사랑을 알아봅니다. 이 사랑은 예수님 안에서 인간적 술수의 어둠 속으로 하강하여 그 흑암을 변화시켰습니다. 십자가에서 나타난 하느님의 사랑은 추상적 사랑이 아니라, 난폭하고 잔인한 충동과 공포와 곤경에 허덕이는 인간들에게 깊이 관여하는 사랑입니다.

종종 모진 말을 내뱉기도 하지만, 바오로는 누가 뭐라 해도 '모든 사람에게 모든 것'이 되고자 애씁니다. 이는 또한 바오로가 청중의 이해력을 고려하고, 그들의 세계관을 염두에 두고 있음을 의미합니다. 바오로는 코린토 신자들에게 "젖만 먹였을 뿐 단단한 음식은 먹이지 않았"(1코린 3,2)다고 하는데, 이는 그들이 아직 하느님의 지혜를 이해할 수 없었기 때문입니다. 서간들에서 드러나듯, 바오로가 아무리 그리스 사상에 가까이 접근해도, 그는 자신이 그리스도교의 본질이라 여긴 것을 선포합니다. 십자가에 못 박힌 분의 부활이 바로 그것입니다. 바오로에게는 이 부활이 온갖 철학적 사유를 전복시키는 핵심 개념입니다. 바오로가 종종 하느님의 지혜를 세상 지혜와 대립시키지만, 철학적 지혜 안에도 결국은 하느님의 지혜로만 충족되는 갈망이 잠재해 있습니다. 그것은 세상의 수수께끼를 풀어 보려는 우리의 고통스러운 노력들을 놓아 버리고 싶은 갈망입니다. 하느님께서 친히 우리에게 지혜를 선사하시니까요. 하느님께서는 우리를 지혜의 심연으로 인도하시고 예수 그리스도의 십자가 부활로 이를 보증하십니다. 그것은 마침내 인간 실존과 하느님상의 새로운 차원을 밝혀 주는 지혜입니다. 이 지혜는 하느님과 인간의 심연을 꿰뚫어 봅니다. 이렇게 바오로는 그리스인의 지혜를 실마리로 삼아, 십자가에 못 박히시고 부활하신 그리스도를 선포함으로써 새로운 지혜, 말하자면 '완전한' 사람들에게만 열린다는 비교祕敎적 지혜를 가르칩니다. 이로써 그는 지혜와 깨달음을 중시하던 코린토 신자들의 갈망에 부응합니다. 비교제의에서 흔히 그리하듯, 바오로도 코린토 신자들에게 하느님의 지혜를 명확히 제시해 줌으로써 자신이 주변 세계에서 뭔가 특별한 존재라는 느낌을 가지도록 합니다. 이들은 이제 그리스인과 그 철학자들 앞에서 주눅 들 까닭이 없습니다. 그들은 주변 세계에서 발견할 수 있는 그 어떤 지혜보다 우월한 자기네 고유의 지혜를 소유하고 있는 것입니다.

바오로를 유다인과, 그리고 그가 헬레니즘 환경에서 만난 온갖 종교들과 구별해 준 것은 십자가에 달리신 분의 부활을 선포한 일이었습니다. 바로 여기서 그리스도교의 본질이 명료해졌습니다. 바오로에게 그 본질이란, 하느님이 인간적 악의 캄캄한 심연 속으로 들어가시어 그 암흑을 당신의 빛으로 밝히셨다는 것, 하느님이 당신 아드님 예수 그리스도 안에서 참담한 죄악의 장소로 나아가시어 당신 사랑으로 그 죄악을 극복하셨다는 것, 하느님이 무력함 속으로 당신을 외화外化하시어 우리 안의 모든 약함과 병듦을 당신 권능으로 채우시고 치유하시고 변화시키셨다는 것입니다. 이것은 유다인들이 선포해 왔고 그리스철학에 부합하는 하느님과는 전혀 다른 하느님상입니다. 그런 까닭에 바오로는 유창한 설교나 유식한 가르침으로 코린토 신자들을 열광시키려 하지 않았습니다. 그는 오히려, "예수 그리스도, 곧 십자가에 못 박히신 분 외에는 아무것도"(1코린 2,2) 알고 싶어 하지 않았습니다. 바오로의 선포 방식도 이에 상응합니다.

> 나의 말과 나의 복음 선포는 지혜롭고 설득력 있는 언변으로 이루어진 것이 아니라, 성령이 힘을 드러내는 것으로 이루어졌습니다. 여러분의 믿음이 인간의 지혜가 아니라 하느님의 힘에 바탕을 두게 하려는 것이었습니다(1코린 2,4-5).

바오로의 선포는 억지로 설득하려 들지 않습니다. 여기서 참으로 중요한 것은, 전혀 다른 하느님의 비밀을 깨닫는 일이지요. 하느님은 바로, 예수 그리스도의 십자가에서 당신을 계시하신 분이라는 것입니다. 누군가 이 가르침을 받아들인다면, 어디까지나 그에게 뭔가 결정적인 것이 밝게 인식되었기 때문이며, 그의 내면에서 변화가 일어났기 때문입니다. 예수님의 십자가와 부활에서 모든 것이 가름됩니다.

내가 세상의 지혜로운 사람들 앞에서 그럴듯하게 행세하기 위해 하느님을 이용하려 드는지, 아니면 우리가 꿈에도 생각하지 못했던 그곳, 버림받고 무력하고 절망스런 장소에서 당신을 계시하시는 하느님께 나를 내어 드릴 각오가 되어 있는지 말이지요. 과연 달라도 너무 다른 하느님이십니다. 내적 변화 과정을 겪지 않고는 이 소식을 믿을 수 없습니다. 이 과정을 회심 체험으로 견뎌 낸 바오로는, 자기 청중들도 그 낯선 소식에 감화되고 변화되리라 믿어 마지않습니다.

바오로가 전대미문의 소식을 청중들이 쉽게 받아들이리라고 기대한 것은 아닙니다. 그가 복음을 선포하는 방식은 매혹적입니다. 예컨대 갈라티아 신자들에게는 이렇게 말합니다. "그런데 행복을 느끼던 여러분의 그 마음은 어디로 갔습니까? 내가 장담하건대, 여러분은 할 수만 있다면 눈이라도 뽑아 나에게 주었을 것입니다"(갈라 4,15). 바오로는 자신의 선포를 통해 인간의 깊은 갈망을 건드린 게 분명합니다. 내면적 초자아의 강압에서 마침내 자유로워지고, 모두가 그리스도 안에서 일치되어 침탈할 수 없는 존엄성을 지닌 채 새롭게 공존하고 싶은 갈망의 정곡을 찔렀던 것입니다. 바오로는 십자가에 달린 분에 관한 소식을 전함으로써 청중에게 충격을 주려고만 하지는 않았습니다. 그리스도를 위해 그들을 얻고 싶어 했습니다. 바오로는 자신의 선포가 힘과 자유를 주는 복음이라는 것을 확신하고 있었습니다. 테살로니카 신자들에게는 이렇게 말합니다. "우리가 여러분을 위하여 여러분 가운데에서 어떻게 처신하였는지 여러분은 알고 있습니다. 또한 여러분은 큰 환난 속에서도 성령께서 주시는 기쁨으로 말씀을 받아들여, 우리와 주님을 본받는 사람이 되었습니다"(1테살 1,5-6).

그리스도교의 본질을 명시할 때 바오로는 청중들의 상황을 충분히 고려합니다. 예수 그리스도에 관한 소식을 전할 때 테살로니카 신자들에게 하는 방식과 코린토나 갈라티아 신자들에게 하는 방식이 다르지요. 바오로는 사람들이 각자의 종교적 환경에서 겪는 체험을 실마리로 삼습니다. 루카의 손으로 기록된 사도행전 17장의 아레오파고스 설교는, 상황에 맞게 청중을 대하는 바오로의 노련미를 명쾌히 보여 줍니다. 루카는 바오로의 선포 기법을 예리한 직감으로 읽어 낸 듯합니다. 루카의 신학이 언뜻언뜻 비치긴 하지만, 이 설교는 바오로가 그리스철학 교육을 받은 청중들에게 어떻게 그리스도교의 본질을 선포했는지 보여 주는 훌륭한 본보기라 여겨집니다.

바오로는 아테네에 우상이 넘쳐 나는 걸 보고 격분하지만, 분노를 들키면 안 된다는 것도 알았습니다. 그랬다가는 그리스인들에게 복음을 납득시킬 수 없을 테니까요. 그래서 슬기롭게 행동합니다. 루카는 광장에서 아무에게나 말 걸던 소크라테스라는 인물을 배경 삼아 바오로를 묘사합니다. 사람들은 그가 낯선 신들을 퍼뜨리고 다니는 자라 하였습니다. "이것이 소크라테스를 고발하여 재판에 회부한 주된 사유"(Klauck 79)였습니다. 바오로도 소크라테스처럼 "아테네 시민 여러분"이라는 말로 설교를 시작합니다.

아레오파고스에서 바오로는 그리스인들의 다신교와 제의祭儀들에 관해서는 언급을 회피하고, 주로 스토아학파와 에피쿠로스학파의 철학을 문제 삼습니다. 클라우크는 당시 사제들이 순수한 제의 담당자 역할만 했으므로 백성들 사이에서 그리 큰 인정을 받지 못했으리라 추측합니다. 그러나 철학 학파들은 "그리스도교가 이 영역에서 진지하게 겨루어야 할 유일한 경쟁자"(같은 책 80)였습니다. 이 철학 학파들은 부활이나 내세를 아예 부인했습니다. 바오로의 설교는 특히 스토아철학자들을 겨냥합니다. 루카가 스토아학파의 개념들을 거듭 언급하는 것도 그 때문입니다. 바오로는 '알지 못하는 신에게'라고 새겨진 제단에 관해 언급함으로써, 청중들의 호의를 얻고자 합니다. 그러나 고고학자들 말로는, 그런 제단은 없었고 '알려지지 않은 낯선 신들'에게 바쳐진 제단이 하나 있었다고 합니다. 그런데 이 제단은 루카가 부여하는 것과는 다른 의미를 지닙니다. 그리스인들은 낯선 신들을 소홀히 대하다가 행여 그들이 자기네 땅에 재앙을 불러오면 어쩌나 두려워하고 있었습니다. 바오로는 그리스인들의 호의를 확인할 요량으로, 아테네 사람들이 '대단한 종교심'을 가지고 있다고 말합니다. 그러고는 스토아철학자들이 대신할 수도 있을 법한 설교를 시작합니다. 하느님의 세상 창조를 언급하면서, 세상을 창조하신 하느님은 신전 따위에 살지 않으신다는, 스토아학파의 종교 비판적 견해를 끄집어냅니다. 하느님은 오히려 모든 사람이 당신을 찾고 발견하게 하신다는 것입니다.

> 사실 그분께서는 우리 각자에게서 멀리 떨어져 계시지 않습니다. 여러분의 시인 가운데 몇 사람이 "우리도 그분의 자녀다" 하고 말하였듯이, 우리는 그분 안에서 살고 움직이며 존재합니다(사도 17,27-28).

하느님이 우리 각자 안에 사신다는 말은 세네카도 할 수 있겠지요. 루카는 이 말을 뒤집어, 우리가 하느님 안에서 살고 움직이며 모든 것 안에서 하느님의 현존에 에워싸여 있다고 합니다. 스토아철학은 루카가 인용한 기원전 3세기 시인 솔로이의 아라토스의 말을 범신론적으로 해석합니다. "사람들이 신이라 부르는 것들은 세상의 구성 요소, 세계의 내적 힘인 바, 등급만 인간과 다를 뿐 원칙적으로는 같다"(같은 책 93). 그러나 루카는 시인의 말을 하느님의 선물로 해석합니다. 하느님은 우리를 당신의 모상대로 창조하셨고 우리 가까이 계시며 우리를 도와주십니다. 그리고 특히 예수 그리스도 안에서 우리에게 가까이 오셨습니다.

이 모든 생각은 그리스철학자들의 견해를 확증하기도 하고 정정하기도 합니다. 바오로는 예수님의 부활을 언명하는 것으로 설교를 끝맺습니다. 하느님께서는 "그분을 죽은 이들 가운데에서 다시 살리심으로써"(사도 17,31) 모든 인간에게 예수님이 누구신지 밝혀 주셨습니다. 청중들은 예수님의 부활 소식을 곧장 죽은 이들의 부활과 관련짓습니다. 그리스 철학은 이 문제를 껄끄러워하고 있었습니다. 그래서 대부분의 사람들이 거부반응을 나타냅니다. "그 점에 관해서는 다음에 다시 듣겠소"(사도 17,32). 바오로는 자기 설교의 한계를 절감합니다. 그래도 몇 사람이 바오로에게 동조한 덕분으로 대화가 이어집니다. 분명한 사실은 이렇습니다. "참된 믿음이란 기존 믿음의 유기적 계승으로는 전달될 수 없고, 특정한 순간에 모험과 결단, 과거와의 단절과 불확실성 속으로의 출발을 전제한다"(같은 책 97).

개신교 주석가들은 아레오파고스 설교에 대해 비판적입니다. 그리스도교적이라기보다는 스토아철학적이라는 것이지요. 그러나 루카는 여기서, 그리스철학 안에 내재된 갈망에 그리스도인들이 어떻게 응답해야 하는지 바오로 사도의 입을 통해 알려 줍니다. 그러기 위해서는 우선 청중들의 사고방식을 간파하여 본원적인 것을 보여 주어야 합니다. 청중의 사고방식과 정면으로 맞서 싸운다면, 예수 그리스도를 위해 그들을 얻는 데는 실패할 것입니다. 이것은 또한 바오로가 청중의 이해 능력을 배려하고 그들의 세계관을 염두에 둔다는 것을 의미합니다. 바오로의 서간들을 읽노라면, 그가 늘 수신인들의 정신적 성향에 눈높이를 맞춘다는 것을 느낄 수 있습니다. 바오로는 수신인들의 사고방식을 실마리로 삼고 영지주의와 비의언어를 차용합니다. 그리고 당시 유행하던 스토아철학과 빈번히 관련짓습니다. 바오로는 예수 그리스도에 관한 소식을 언제나 새로운 언어로 선포합니다. 이는 우리도 (바오로처럼) 예수님 복음을 우리 시대의 사유 지평에 걸맞게 늘 새로운 언어로 선포하라는 권고이기도 하지요. 바오로의 말을 답습하기만 하는 것은 그를 올바로 이해하고 받아들이는 것이 아닙니다. 사도의 가르침을 우리 자신의 심성에 내재화함으로써 그것이 오늘 우리에게 해방과 구원을 불러일으키는 복음이 되게 해야 합니다. 바오로의 말을 나 자신과 현대인의 상황 속으로 옮겨 들이는 바로 지금, 나도 이 일이 쉽지 않다는 것을 절감하고 있습니다. 당시 바오로가 그랬던 것처럼, 지금 나도 말을 더듬고 있다는 걸 느낍니다.

바오로가 그리스·로마 철학을 실마리로 삼는다는 것은 로마서에도 뚜렷이 드러납니다. 여기서 바오로는 그리스인과 로마인들도 이성적으로는 하느님을 그분의 피조물을 통해 인식할 수 있음을 인정합니다(로마 1,20 참조). 하느님은 이방인들에게 양심을 선물하셨고, 그 양심 안에 당신의 율법을 새겨 놓으셨습니다.

> 다른 민족들이 율법을 가지고 있지 않으면서도 본성에 따라 율법에서 요구하는 것을 실천하면, 율법을 가지고 있지 않은 그들이 자신들에게는 율법이 됩니다. 그들의 양심이

> 증언하고 … 그들은 율법에서 요구하는 행위가 자기들의 마음에 쓰여 있음을 보여 줍니다(로마 2,14-15).

그리스도에 관한 소식은 각 개인의 영혼 속에 일종의 연결 고리를 가지고 있으니, 하느님께서 모든 인간에게 양심을 선사하셔서 인간이 하느님의 뜻을 알 수 있기 때문입니다. 바오로에게 설교의 비결은, 사람들의 양심과 내적 인식과 갈망을 바탕으로 예수님에 관한 소식이 자신의 깊디깊은 갈망을 충족시켜 준다고 느낄 수 있도록 하는 데 있습니다. 바오로는 당시 온갖 종교적 관념들(유다교의 율법주의나 흔히 두려움으로 각인된 이교 희생 제의 등) 속에 잠재해 있던 갈망을 잘 알고 있었습니다. 그것은 스스로를 책벌하는 경향에서 자유로워지고 싶은 영혼의 갈망입니다. 바오로는 청중들이 예수님의 부활 소식을 듣고, 기존 종교가 지금껏 짐 지운 업적에 대한 내적 강박에서 해방될 수 있으리라는 깨달음을 얻기를 원합니다. 그들 스스로 자신에게 들이댔던 이 모든 잣대가 폐기되었습니다. 그리스도를 믿으면 새로운 삶, 새로운 자유, 새로운 기쁨을 누릴 수 있습니다. 오늘 우리에게 유다교의 율법주의나 이교적 희생 제의는 관심 밖입니다. 그러나 바오로는 우리의 갈망을 여전히 깨워 일으킵니다. 우리 자신과 타인이 부과한 기대에서 자유롭고 싶은 갈망, 하느님과 사람들 앞에서 나 자신을 입증해야 한다는 강박에서 해방되고 싶은 갈망이 그것입니다. 바오로의 선포가 나의 깊디깊은 갈망 안으로 스며들면, 나는 더 온전하고 원만하고 영적으로 쇄신된 인간으로 탈바꿈하려는 갖은 노력과 더불어 나 자신까지 다 내려놓아도 되겠다는 느낌을 받습니다. 이 느낌이 나를 자유롭게 합니다. 모든 업적 강박이 내게서 떨어져 나가는 것을 나는 온몸으로 느낍니다. 이제야 예수님의 십자가에서 맞닥뜨린 사랑의 심연 속으로 나 자신을 내던질 수 있습니다. 나 자신을 이 사랑의 심연 속으로 내던져 버리면, 하느님의 사랑이 나를 관통하고 변화시키며, 선하고 온전하고 영적인 인간이 되려는 갈망이 전대미문의 방식으로 실현되리라는 믿음을 가질 수 있습니다. 영적 여정에서 내가 얼마나 앞서 나아갔는지 점검할 필요가 없습니다. 나는 하느님의 감춰진 지혜와 십자가에서 빛나는 하느님의 사랑에 나 자신을 활짝 엽니다. 이것이 나를 근본적으로 변화시킵니다. 이것이 나에게 내적 자유를, 그리고 누군가를 사랑하고 그에게 사랑받는 것보다 더 큰 사랑을 선사합니다.

예수 그리스도의 실체

바오로에게 예수 그리스도가 누구신지 환히 밝혀진 것이 다마스쿠스 현시에서였음은 분명한 사실입니다. 바오로는 나자렛 예수님이 메시아요 하느님의 아들이라는 사실뿐 아니라, 그분의 내밀한 실체도 분명히 깨달았습니다. 그것은 예수 그리스도와의 농밀한 만남이었습니다. 그 만남을 통해 바오로는 새로이 태어났고 완전히 바뀌었습니다. 분명히 그는 예수님을 사람이 되신 하느님의 사랑으로 만났습니다. 루카는 다마스쿠스 인근에서 밝은 빛이 바오로를 두루 비추었다고 묘사합니다. 우리도 바오로가 예수님을 어떻게 체험했는지 마음속에 그려 볼 수 있습니다. 바오로는 예수님을 빛으로 생생히 체험했습니다. 그 빛은 자신의 어둠을 비추고 자신의 식은 마음을 덥히고 사랑으로 가득 채웠습니다. 빛은 돌연히 모든 것이 분명해진다는 것을 의미합니다. 예수 그리스도와의 만남 안에서 바오로는 홀연히 제 자신을 알게 되었습니다. 그 만남을 통해 제 마음 깊은 곳을 들여다보았고, 자신이 참으로 누구인지 그 실체를 깨달을 수 있었습니다. 빛은 또한 사랑의 표지입니다. 바오로는 예수님에게서 말 그대로 자신을 온통 뒤집어 놓은 사랑을 체험했습니다. 그 사랑은 바오로를 사로잡았고 감격시켰으며, 그를 완전히 변화시켜 온 삶을 예수님께 바치게 했습니다.

바오로가 예수 그리스도를 얼마나 농밀하게 체험했는지는 필리피서 몇 구절에서 확인할 수 있습니다. "사실 나에게는 삶이 곧 그리스도이며 죽는 것이 이득입니다"(필리 1,21). 이런 문장은 아무나 쉽게 쓸 수 없지요. 깊은 체험의 표현입니다. 바오로는 예수님을 압도적인 사랑으로 체험했음이 분명합니다. 그에게는 예수 그리스도와의 관계가 참삶입니다. 다른 것은 중요하지 않습니다. 감옥에서 살아 나가게 될지 말지도 대수롭지 않습니다. 결정적인 것은 오직 예수 그리스도와의 관계뿐입니다. 바오로는 "나의 바람은 이 세상을 떠나 그리스도와 함께 있는 것입니다. 그편이 훨씬 낫습니다"(필리 1,23)라고 고백합니다. 그리되면 온전히 그리스도와 함께 있고 싶고 그분 사랑에 안온히 감싸 안기고 싶은 갈망이 이루어질 테니까요. 사실 바오로는 이 세상 삶 속에서도 예수 그리스도께 온전히 사랑받고 받아들여진다는 것을 잘 압니다. 그의 실존에 그리스도가 온전히 각인되어 있으니까요. 바오로의 생각은 그리스도를 에돌며, 그의 사랑은 그분을 지향합니다. 예수님과의 만남이 바오로를 깊이 관통했습니다. 이것이 바오로가 예수님에게서 겪은 내적 체험이었습니다. 다마스쿠스 가까이서 예수님을 만난 것은, 길을 가다가 우연히 이런저런 사람들과 마주치는 것 같은 만남이 아니었습니다. 바오로는 환시 중에 예수님의 실체를 밝히 깨달았습니다. 예수님은 바오로에게 빛과 사랑으로 명료하게 인식되었고, 그의 마음을 온통 사랑으로 채우셨습니다.

예수 그리스도 안에서 사랑만 만난 게 아닙니다. 하느님의 마음도 환히 빛났습니다. 바오로는 율법을 향한 열정이 그를 어디로 인도하는지 깨달았습니다. 그를 조건 없이 받아들이시고, 사랑하시며, 자기가 무가치한 존재일지도 모른다는 두려움에서 해방하시는 하느님께 향하는 것이었습니다. 사실 바오로가 단순한 율법 열광자였던 것만은 아닙니다. 가말리엘 문하에서 공부할 때는 하느님의 위업과 본질을 더 깊이 이해하기 위해 뜨거운 열정으로 성경을 연구하기도 했습니다. 이 하느님이 참으로 누구이신지가(이는 예언자들이 애써 탐구했던 바이기도 하지요) 예수 그리스도 안에서 바오로에게 환히 밝혀졌습니다. 그에게 예수님은 성경 말씀을 새롭게 밝혀 주는 열쇠가 되셨습니다. 이제야 바오로는 성경 말씀의 의미를 옳게 이해했습니다. 예수 그리스도와의 만남이 그에게 새로운 하느님상을 선사해 주었습니다. 그것은 예수 그리스도께서 지니셨던 하느님상입니다. 이제 바오로도 예수님처럼, 사랑스런 아기의 말로 하느님을 "아빠, 사랑하는 아버지"라 부를 수 있게 되었습니다. 예수님을 통해 바오로는 하느님에게 가까이 다가갔습니다. 이것이 자신을 입증하고 말겠다는 의지로 점철되어 있던 바오로의 신심을, 하느님과 가까워지려는 신심으로 바꾸어 놓았습니다.

바오로가 하느님과의 이 친밀함을 체험할 수 있었던 것은, 예수님께서 그를 그저 그렇게 만난 것이 아니라 그에게 당신의 영을 불어넣어 주셨기 때문입니다. 이제 바오로는 영을 통해 예수 그리스도 안에서 살아갑니다. 그는 예수님의 생각과 느낌으로, 하느님과 그분의 관계로 충만해져 있습니다. 바오로는 로마 신자들에게 이 체험을 전합니다.

> 여러분은 사람을 다시 두려움에 빠뜨리는 종살이의 영을 받은 것이 아니라, 여러분을 자녀로 삼도록 해 주시는 영을 받았습니다. 이 성령의 힘으로 우리가 "아빠, 아버지!" 하고 외치는 것입니다. 그리고 이 성령께서 몸소, 우리가 하느님의 자녀임을 우리의 영에게 증언해 주십니다(로마 8,15-16).

예수님의 영을 체험한 뒤 바오로는 노예의 중압감에서 해방되었습니다. 노예는 주인의 인정認定에 얽매일 수밖에 없는 존재지요. 영은 바오로가 하느님의 자녀로서 하느님께 조건 없이 사랑받고 받아들여지며, 하느님과 친밀한 관계를 맺고 산다는 것이 무엇인지 깨닫게 해 줍니다. 영으로 말미암아 바오로는 하느님과 전에 없이 가까워지고, 자신이 하느님의 자녀임을 느낄 수 있게 되었습니다.

필리피서는 이 체험을 좀 달리 표현합니다. "나는 나의 주 그리스도 예수님을 아는 지식의 지고한 가치 때문에, 다른 모든 것을 해로운 것으로 여깁니다. 나는 그리스도 때문에 모든 것을 잃었지만 그것들을 쓰레기로 여깁니다. 내가 그리스도를 얻고 그분 안에 있으려는 것입니다"(필리 3,8-9). 다양한 해석이 가능하겠지만, 내게는 이 구절 배후에 있는 체험이 더 중요합니다. 내가 보기에 여기서 바오로는, 이제 더는 율법에 얽매일 필요 없이 예수 그리스도 안에서 자유를 산다는 자신의 신학적 통찰만 피력하는 것이 아닌 듯합니다. 그런 통찰도 물론 배어 있지요. 그러나 그리스도 예수님에 대한 깨달음이 모든 것에 우선합니다. 이것은 실존적 깨달음입니다. 이 깨달음은 바오로에게 실로 매혹적이라, 그에게 다른 모든 것은 쓰레기, 찌꺼기, 오물일 따름입니다. 여기서 사용되는 그리스어 '스쿠발라'*skúbala*(쓰레기)는 똥오줌을 가리키는 말에서 유래합니다. 이처럼 바오로가 예전에 온 힘을 쏟았던 '모든 것'(자신의 올바름을 입증하는 일 따위)이 경멸할 짓이 되어 버렸습니다. 바오로의 마음을 새롭게 사로잡은 것은 엄청난 영지, 바로 당시 영지주의자들이 추구하던 모든 갈망의 충족이니, 깨달음을 통해 하느님을 찾아 얻고 하느님 안에 이르는 것이었습니다.

바오로는 자신의 체험을 표현함으로써, 영지와 참된 인식과 계발과 조명을 희구하던 많은 사람의 갈망을 새삼 깨워 일으킵니다. 바오로는 영지에 대한 갈망을 예수 그리스도의 실체, 그분 마음에 스며듦으로써 충족시켰습니다. 그때 바오로에게 그분 실체의 비밀이 명료하게 인식되었고, 예수 그리스도 안에서 우리를 전혀 새로운 방식으로 만나시는 하느님의 비밀도 환히 열렸습니다. 하느님은 자비로운 사랑의 하느님이며 죽은 이들을 살리시는 하느님이었습니다. 예수 그리스도 안에서 은총의 비밀이 밝혀졌습니다. 하느님은 은총이십니다. 그분은 예수 그리스도 안에서 사랑과 자비로 우리에게 다가오십니다. 바오로는 예수님 안에서 하느님의 자애로운 얼굴을 보았습니다. 그리하여 바오로는 온전히 이 예수 그리스도 안에 있기를, 그리스어 표현으로는 '그분 안에서 발견되기를' 갈망합니다.

바오로는 "그리스도 예수님께서 이미 나를 당신 것으로 차지하셨다"(필리 3,12)고 말합니다. 여기서 사용된 그리스어 '카타람바네인'katalambanein은 '위에서 아래까지 움켜쥠, 참으로 이해함'을 의미합니다. '탈아'脫我라는 뜻으로도 이해할 수 있습니다. 하느님을 온전히 파악하고 하느님께 철저히 사로잡히는 상태입니다. 나아가 이 낱말은 하느님께 완전히 압도된다는 뜻이기도 합니다. 바오로는 이런 의미로 예수님께 내적으로 사로잡혔고 압도되었습니다. 예수님이 그를 온전히 관통하셨습니다. 이것이 바오로의 자아를 온통 바꾸어 놓았습니다.

이 압도적인 예수 그리스도 체험이 바오로로 하여금 방방곡곡으로 나아가 위험과 노고를 무릅쓰고 예수 그리스도를 선포하지 않을 수 없도록 부추겼습니다. 바오로는 그저 새로운 소식만 전한 것이 아니라, 예수 그리스도 자체를, 그것도 언제나 십자가에 못 박히신 분으로 선포했습니다. 바로 이 십자가에 달렸다가 부활하신 예수님 안에서 하느님의 비밀이 밝혀졌습니다. 우리 안의 모든 것을 당신 사랑으로 변화시키기 위해, 하느님은 십자가의 소외도, 죄도, 십자가의 저주까지도 무릅쓰셨습니다. 이것이 하느님의 비밀입니다. 예수 그리스도의 십자가에서 바오로는 하느님의 권능이 우리의 약함에서 완성된다는 것도 깨달았습니다. 그 때문에 십자가에 못 박히신 분에 대한 체험은 바오로에게 언제나 새로운 자아의 발견이기도 했습니다.

바오로는 코린토 후서에서 이렇게 말합니다. "우리는 이 보물을 질그릇 속에 지니고 있습니다. 그 엄청난 힘은 하느님의 것으로, 우리에게서 나오는 힘이 아님을 보여 주시려는 것입니다"(2코린 4,7). 자신의 사도직 활동을 통해 십자가에 달리신 분과의 친연성을 체험합니다. 예수님의 영이 자신을 사람들 앞에서 강하고 원만하고 영적으로 보이게 하지 않고, 오히려 약하고 하찮아 보이게 한다는 것을 알게 됩니다. 심지어 제 몸으로 예수님의 죽음을 체험합니다. 십자가에 못 박히신 분과 모습이 같아짐을 느낍니다. "우리는 언제나 예수님의 죽음을 몸에 짊어지고 다닙니다. 우리 몸에서 예수님의 생명도 드러나게 하려는 것입니다"(2코린 4,10).

종종 바오로는 자기 몸에 지니고 다니는 예수님의 죽음과 상처에 관해 매우 열정적으로 말합니다. 그것은 숱한 매질이 남긴 흉터에서 드러난다는 것입니다. 한편, 코린토 신자들에게 강력한 그리스도의 복음을 선포한 자신이 매우 무력하고 병약하게 보이는 것을 괴로워합니다. 자신의 병약함을 개의치 않고 기꺼이 받아들여 준 갈라티아 신자들에게는 깊은 감사를 표합니다.

> 여러분도 알다시피, 나는 육신의 병이 계기가 되어 여러분에게 처음으로 복음을 전하게 되었습니다. 그때에 내 육신의 상태가 여러분에게는 하나의 시련이었지만, 여러분은 나를 업신여기지도 않았고 침을 뱉지도(『성경』은 '역겨워하지도'로 옮김) 않았습니다. 오히려 나를 하느님의 천사처럼, 그리스도 예수님처럼 받아들였습니다(갈라 4,13-14).

코린토 후서에는 몸을 찌르는 가시를 없애 주십사고 세 번이나 주님께 간청했다고 쓰여 있습니다. 그러나 그리스도께서는 이렇게 대답하십니다. "너는 내 은총을 넉넉히 받았다. 나의 힘은 약한 데에서 완전히 드러난다"(2코린 12,9). 오래전부터 주석가와 의사들은 여기서 말하는 바오로의 질병이 무엇인지 알아내려고 애써 왔습니다. 하인리히 슐리어Heinrich Schlier는 간질 발작으로 추정합니다. 그리스어 '에크프티요' ekptyo(침을 뱉다)가 여기에 사용되었는데, 침을 뱉는 것은 주로 "병자들, 특히 간질병자와 정신병자들에게 미치는 악마의 영향력을 물리치는"(Schlier, *Galaterbrief* 210) 방어 행동이기 때문입니다. 더러는 편두통을, 또 더러는 삼차三叉신경통을 들먹이기도 합니다(Klauck, *Koflikt und Versöhnung* 150 참조). 그러나 바오로의 질병은 확실히 규명되지 않았습니다. 아무튼 바오로는 이 질병 덕분에 자신이 십자가에 못 박히신 예수 그리스도와 닮았음을 깨달았습니다. 이것이 그를 자신의 병약함이나 무력함과 화해시켜 주었습니다. 아니 거기서 그리스도와 하나 됨을 체험하게 해 주었습니다. 십자가에 달리신 그리스도와 만난 후 바오로는, 하느님 체험을 통해 자신이 특별히 강하고 원만하고 온전하고 건강하게 되었다는 환상에서 벗어났습니다.

예수 그리스도 체험은 우리를 쉽사리 사람들 앞에서 강하고 자유롭게 만들어 주지 않습니다. 오히려 우리를 약하게 만들 수도 있습니다. 그러나 바로 거기서 우리는 모든 인간적 잣대로부터 자유로워집니다. 우리가 어떻게 드러나는지는 더 이상 중요하지 않습니다. 중요한 것은 오직 그리스도께서 우리를 통해 환히 드러나시는 것입니다. 이 세상에서 그리스도의 영광은 바로 우리의 약함과 신경증적 성격과 질병을 통해 빛날 수 있습니다. 이 체험은 우리를 세상 잣대로부터의 자유라는 새로운 차원으로 고양시킵니다.

나는 자신과의 불화 때문에 괴로워하는 사목자와 정신과 의사들을 꽤 알고 있습니다. 그들의 영성이나 심리학 지식으로 치면 그러지 않아야 마땅하지 않겠습니까? 그러나 다른 이들에게는 내적 평안과 자유의 길을 알려 주면서도, 정작 자신들은 불안과 강박감에 시달립니다. 다른 이들에게는 건강하고 행복한 삶의 길을 일러 주면서도, 스스로는 병약하고 무력하다고 느낍니다. 그들에게 바오로 사도의 체험은 해방의 복음입니다. 우리가 완전하지 못하다고 해서, 우리의 선포가 거짓이 되는 것은 아닙니다. 우리가 자신과 온전히 화해하고 있는지, 우리 몸과 마음이 참으로 건강한지, 이 자체가 중요한 것이 아닙니다. 중요한 것은 오히려, 우리가 선포한 바를 온몸으로 보증하는 것입니다. 바오로는 스스로 질병에 시달리며 예수님의 십자가와 부활의 비밀을 깊이 깨달았습니다. 우리도 자신의 아픔을 통해 다른 이들이 그들의 상처를 어루만질 수 있도록 도울 수 있습니다. 그로써 우리는 스스로 절실히 체험한 바를 선포하는 것입니다. 그러면서도 여전히 모색하고 고통받는 이로 남아 있습니다.

고통은 우리를 깨우쳐 치유와 구원의 소식을 진실되이 선포할 수 있게 해 줍니다. 모든 것을 알고 모든 것을 할 수 있는 척하며 고통 뒤에 숨을 필요가 없습니다. 벌써 목표에 이르지 않아도 됩니다. 바오로 사도를 좇아 이렇게 말할 수 있다면 그것으로 충분합니다.

나는 이미 그것을 얻은 것도 아니고 목적지에 다다른 것도 아닙니다. 그것을 차지하려고 달려갈 따름입니다. 그리스도 예수님께서 이미 나를 당신 것으로 차지하셨기 때문입니다(필리 3,12).

4

새 생명 체험

바오로는 유다교 신학과 율법만 훌륭하게 교육받은 것이 아닙니다. 주변 세계도 주의 깊게 살펴보고 잘 알았습니다. 타르수스에도 수많은 비의祕儀가 있었습니다. 바오로도 분명 그것들에 정통했을 것입니다. 비의 참석자들은 그들만의 비의전수의식에 관해 함구해야 했지만, 그들은 그 일을 공공연히 퍼뜨리고 다녔습니다. 비의에서 행해지던 신비극들이 널리 유포되었습니다. 참석자들은 특히, 제의 거행 중에 체험한 것들을 외부인들에게 누설해서는 안 되었습니다. 일종의 보호 조치였습니다. 그 체험을 이해하지 못한 외부인들이 비의를 조롱거리로 만들까 염려해서였지요. 비밀 엄수 규율은 비의 참석자들로 하여금 자신이 특별하다는 환상을 가지게 했습니다. 그들은 삶의 심오한 비밀들을 전수받았다고 자부했고, 그것을 주변 사람들과 공유하려 하지 않았습니다. 그들에게는 그들을 다른 사람들보다 특출하게 만들어 주는 그들만의 뭔가가 있었습니다.

바오로는 주님 성찬의 신비뿐 아니라 그리스도교 세례도 그 시대 비교제의秘敎祭儀들을 배경으로 서술합니다. 리하르트 로르는 비의전수의식들에 관한 지식이 예수 그리스도와의 만남을 계기로 바오로에게도 비의전수를 경험하게 한 배경이 되었다고 생각합니다(Rohr 69 이하). 그리스도를 통해 삶과 죽음의 비밀을 전수받고 그리스도와 함께 죽음을 관통한 사람으로서, 이제 바오로는 인간 실존의 전혀 다른 차원으로 인도되어 자유와 새로운 의식意識 안에서 살아갈 수 있게 되었습니다. 말하자면 그는 '비의를 전수받은 사람'이었습니다. 예수님과 만나서 바오로는 비의 참석자들이 그토록 황홀하게 체험한 것을 생생히 몸 겪었습니다. 마치 새로 태어난 느낌이었습니다. 예수님 체험을 통해 영혼의 어두운 영역과 내면의 심연과 그늘진 자리를 돌파했습니다. 바오로는 그리스도와 함께 죽었습니다. 세상 잣대로 규정된 옛 인간을 벗어 버리고, 새사람이 되었습니다. 바오로는 '비의를 전수받은 사람'의 자격으로 자신의 메시지를 선포합니다. 오늘날에도 비의전수에 대한 새로운 갈망이 솟구칩니다. 로르는 도처에서 '남성들을 위한 비의 체득 강좌'를 열고 있습니다. 이들은 단순한 '순둥이Softy 영성'을 원하지 않습니다. 변신을 원하지요. 그리고 이 변신은 오직 자신의 어두운 내면과 대면하고 도전적 의식儀式을 감당해 냄으로써만 이루어질 수 있다는 걸 예감하고 있습니다.

바오로는 비의를 전수·체득한 상태를 '메뮈에마이'*memy-emai*(비결을 알고 있다)라는 고대 그리스어로 표현합니다. "나는 배부르거나 배고프거나 넉넉하거나 모자라거나 그 어떠한 경우에도 잘 지내는 비결을 알고 있습니다"(필리 4,12). '비결을 알고 있는'(비의를 전수받은) 사람은 욕구가 채워지지 않으면 징징 짜는 어린아이 같은 짓을 하지 않습니다. 그는 성숙한 사람입니다. 더는 욕구에 좌우되지 않습니다. 삶의 차원을 달리합니다. 자신에게 일어나는 모든 일을 잘 다스릴 수 있습니다. 배가 부르든 고프든, 넉넉하든 모자라든 똑같이 잘 지낼 수 있지요. 비결을 안다는 것이 금욕 고행과 같은 것을 뜻하지는 않습니다. 금욕적인 사람은 결핍을 잘 견뎌 냅니다. 그러나 바오로는 이렇게 말합니다. "나는 궁핍하게 살 줄도 알고 풍족하게 살 줄도 압니다"(필리 4,12). 바오로는 풍족한 생활이 주어지면 감사하며 누릴 줄 압니다. 그러나 궁핍에 만족할 줄도 압니다. 바오로는 이 세상 것들에 대해 내적으로 자유롭습니다. 그는 자기 실존의 새로운 바탕을 생생히 체험했습니다. '비결을 알고 있는'은 내적으로 자유롭습니다. 바오로는 자신의 세례 신학과 주님 만찬 신학에서, 비교제의의 핵심이었던 이 비의전수와 체득이 어떻게 이루어지는지를 서술합니다.

바오로 사도 당대 사람들은 비의를 전수받아 삶의 심오한 근거를 확보하고 성공적인 자아실현의 비결을 체득하기 원했습니다. 그래서 당시 각종 비교제의들의 인기가 대단했지요. 제의에는 비의를 전하는 사람과 전해 받는 사람만 참석할 수 있었습니다. 비의전수에는 여러 등급이 있었습니다. 미트라 제의에서는 일곱 단계였지요. 비의전수자(傳受者)들은 특히 악마의 권세와 싸워 이기는 신의 운명에 동참했습니다. 사람들은 구원과 치유를 통해 신의 운명에 동참하는 체험을 했습니다.

> 구원의 희망은 세계 내적 경향을 띠어, 질병·빈곤·위험한 여정·죽음 같은 삶의 곤경에서 보호받는 데 초점이 맞추어졌다. 그러나 내세의 더 나은 운명에 구원의 희망을 거는 경우도 있었다. 어쨌거나 관건은 늘 생명력 강화와 수명 연장이었다. 이는 신성의 불멸에 참여함으로써 보증될 터였다(Klauck, *Anknüpfung und Widerspruch* 22).

이런 비교제의를 배경으로, 바오로는 세례와 주님 만찬이라는 그리스도교의 신비에 관해 서술합니다. 바오로의 말이 비교제의의 서술에 의존하고 있는지는 여기서 그리 중요하지 않습니다. 결정적인 것은 바오로가 세례와 주님 만찬에 대해 묘사하는 분위기입니다. 그것은 더 높고 색다른 삶, 하느님스런 삶으로 진입하려는 갈망으로 점철되어 있습니다.

그런 삶을 지배하는 것은 두려움과 강박과 자기 비난이 아니라, 바로 치유와 구원과 해방입니다.

그리스도교 입교는 세례를 통해 이루어집니다. 바오로는 로마서 6장에서 그리스도교 세례의 신비에 관해 서술합니다. 세례를 받는 순간 그리스도인은 세상 잣대에 의해 규정된 자신의 묵은 실존이 죽는 것을 봅니다. 그는 예수님의 죽음과 하나 되는 세례를 받습니다. 다시 말해, 예수님의 죽음에 동참함으로써 죄에서 죽습니다. 세례에 의해 우리는 더 이상 죄의 지배를 받지 않습니다. 우리는 죄에서 죽었습니다. 바오로는 여기서 비의언어와 유사한 언어를 구사합니다. 우리는 예수 그리스도의 운명에 동참하고 그분과 같은 모습이 됩니다. 그분의 길이 곧 우리의 길입니다. 그것은 새로운 존재 양식으로 가는 길입니다. 세례는 우리에게 "예수님의 부활에 참여하리라는 희망"(같은 책 31)을 선사합니다. 요컨대 우리는 세례를 통해 예수님의 운명으로, 그분의 죽음과 부활로 인도됩니다. 로르가 말하는 '비의 체득'이 바로 이것입니다. 우리는 예수님의 길로 들어섭니다. 우리의 길은 늘 옛것의 죽음을 넘어 지금껏 체험하지 못한 새로운 삶으로 나아갑니다. 그리스도인들에게 이것은 그리스도와 함께 "새로운 삶을 살아가게"(로마 6,4) 되었음을 의미합니다. '새로운'에 해당하는 그리스어 '카이노스'*kainos*는 질적으로 더 나은 것, 손상되지 않은 것, 더럽혀지지 않은 것, 본원적인 것을 의미합니다. 우리의 참모습을 가리는 모든 것이 세례에서 죽어 없어집니다. 우리의 본원적 광채를 흐리는 것들이 씻겨 나갑니다. 우리는 예수 그리스도의 새 생명, 부활의 생명 안으로 깊이 잠깁니다. 그 모습은 이렇습니다.

> 우리의 옛 인간이 그분과 함께 십자가에 못 박힘으로써 죄의 지배를 받는 몸이 소멸하여, 우리가 더 이상 죄의 종노릇을 하지 않게 되었습니다. 죽은 사람은 죄에서 벗어나기 때문입니다. 그래서 우리가 그리스도와 함께 죽었으니 그분과 함께 살리라고 우리는 믿습니다. 우리는 그리스도께서 죽은 이들 가운데에서 되살아나시어 다시는 돌아가시지 않으리라는 것을 압니다. 죽음은 더 이상 그분 위에 군림하지 못합니다(로마 6,6-9).

요즘 사람들, 죽음을 생각하기 싫어합니다. 죽고 싶은 사람이 어디 있겠습니까? 그러나 (로르의) '남성들을 위한 비의 체득 강좌'에서는, 그때 당시 바오로가 그랬듯이 옛 인간의 죽음을 엄격하고 단호하게 거론합니다. 우리 안에서 새것이 터져 나오려면, 옛것은 단연코 죽어야 합니다. 죽지 않는 사람은 새로운 차원의 삶을 결코 체험하지 못합니다. 이 새로운 차원은 그리스도의 죽음과 부활에 동참할 때만 열립니다. 오늘날 비의를 체득한 이들은 바오로가 묘사하는 세례의 뜻을 새롭게 이해합니다. 끊임없이 보살핌 받기만 바라는 유아적 자아를 기꺼이 벗어 십자가에 못 박을 준비가 된 사람은, 새로운 내적 자유를 체험하고 바오로가 말하는 부활의 참뜻을 체험합니다. 그는 새롭고 자유로운 삶, 그러나 기꺼이 자신과 타인을 책임지고 전력으로 헌신할 줄도 아는 삶을 영위하게 됩니다.

비의 체득의 관건은 정체성을 새롭게 확립하는 것입니다. 이것을 묘사하기 위해 바오로가 사용하는 개념들은 정신 치료에서 사용하는 개념들과 유사합니다. 묵은 것을 폐기하고 낡은 삶의 틀을 버림으로써, 자기 안의 본원적이고 참된 것을 찾아 만나는 것은 정신 치료에서도 중요합니다. 이런 변화 과정에서 사람들은 흔히 무덤과 매장에 관한 꿈을 꾸곤 합니다. 과거의 상처는 묻어 버려야 하고, 오래된 속박과 신경증적 성향은 놓아 버려야 합니다. 묵은 것과 소진된 것은 무덤 속에 있어야 우리를 더는 괴롭히지 못합니다. 우리는 새롭고 싱싱한 것, 소진되지 않은 것, 하느님 영의 내밀한 원천으로부터 흘러드는 것을 갈망합니다. 정신 치료란 유아적 행동 양식과 미성숙한 삶의 틀을 벗어 버리고, 우리 안에서 고유하고 본원적인 것을 찾아 그것에 터해 살아가자는 것입니다. 그러나 이 새로운 체험에 이르는 길은 의식의 그늘진 부분을 거쳐 하계下界와 무의식의 암흑을 뚫고 나 있습니다. 바오로는 이 길을, 십자가와 죽음을 거쳐 부활에 이르는 예수님의 운명에 동참하는 것으로 묘사합니다.

세례를 처음 만든 건 그리스도인들이 아닙니다. 유다교 정결례와 침례욕浴 그리고 헬레니즘 비교제의들 안에 이미 있었지요. 세례자 요한은 회개의 세례를 베풀었습니다. 초기 교회는 세례를 무엇보다 예수 그리스도께 귀의하는 것으로 생각했습니다. 그리스도인들은 예수님 이름으로 세례를 받았습니다.

사도행전에서 루카는 세례를 성령강림과 결부시킵니다. 우리에게 예수 그리스도와 닮은 행동을 할 수 있는 능력을 주시는 분이 성령입니다. 바오로도 세례를 자기 나름대로 해석합니다. 그에게 세례는 예수 그리스도와 함께 묻히는 것입니다. 세례를 받음으로써 우리는 그분의 죽음과 부활에 동참합니다. 바오로에게 예수 그리스도에 관한 진술의 핵심은 죽음과 부활입니다. 죽음과 부활은 새로운 존재 양식을 특징짓습니다. 죄에서 죽은 우리는 새사람으로 삽니다. 이 사건은 세례 예식에서 일회적으로 발생하는 것이 아니라, 우리의 온 실존에 각인되어 있습니다. 고통 속에서, 일상에서, 세상 잣대들과의 충돌에서, 타인과의 만남에서, 자신과의 만남에서, 우리는 예수의 죽음을 늘 몸으로 체험합니다. 심지어 죽음 한가운데서도 부활이라는 새로움을 체험합니다. 우리는 다시 일어나 죄의 권세에서, 타인의 기대가 주는 부담에서 해방되었습니다. 우리는 부활하신 예수님이 체현하시는 새로운 삶을 살아갑니다. 이것이 비의 체득이요, 진짜 자유로운 삶으로의 진입입니다. 이는 오늘 우리의 깊은 갈망에도 상응합니다. 묵은 삶에 거룩한 고약을 바르는 것으로는 충분치 않습니다. 변화되기 원합니다. 참생명으로 진입하기 원합니다. 이것은 무수한 비의전수 이야기가 표현하는 만인의 갈망과 상응합니다. 우리가 참생명으로 깨어나려면 죽음의 심연을 꿰뚫어 보아야 합니다.

비교제의와의 연관성은 코린토 전·후서에서 가장 뚜렷이 드러납니다. 코린토에는 수많은 비교祕敎가 있었습니다. 비교와 자주 접한 그곳 그리스도인들은 그 제의와 가르침에 익숙했습니다. 그래서 바오로는 주님 만찬에 관해 쓸 때, 유다교 개념과 전통뿐 아니라 비의적 표상들과도 관련짓습니다. "나는 (성찬을) 주님에게서 전해 받았습니다"(1코린 11,23). '전해 받다'는 라삐의 학교 용어였을 뿐 아니라 그리스철학과 비교祕敎 언어에서도 중요한 개념이었습니다. 코린토 신자들은 "그리스 신비 종교의 영향으로, 자구 그대로 정확히 전승되어 거의 마술적 효력을 발휘하는 표현 형식에 대해 예민한 감수성"을 지니고 있었습니다(Klauck, *Gemeinde* 318). "너희는 나를 기억하여 이를 행하여라"(1코린 11,24.25) 하는 명령도 이와 같습니다. 바오로는 예수님의 이 명령을 두 차례 전해 줍니다. 마르코와 마태오 복음서에는 전혀 나오지 않습니다. 이스라엘의 신학에서나 고대 그리스인들의 기념 식사에서 '기억'은 매우 중요합니다. 사람들은 죽은 이를 기억하기 위한 식사 자리에 고인이 현존한다고 믿었습니다. 그리스도, 부활하신 분이 식사에 현존하십니다. 그분은 식사의 실질적 주인이요 주최자이시되, 늘 십자가에 못 박히시고 부활하신 분으로서만 현존하십니다. 바오로는 코린토 신자들에게 그리 가르쳤습니다. 우리도 예수 그리스도의 죽음과 부활을 기억하고 그에 동참하며 그분의 운명에 이끌려 듭니다. 우리는 예배 중에 이를 거행합니다. 그것은 일상에 대한 도전이기도 합니다. 일상의 갈등을 통해서도 우리는 거듭 예수님의 죽음으로 이끌려 들고 그분과 함께 새 생명으로 부활합니다. 성찬례에서 기념하는 신비는 일상에서 체득되어야 합니다.

바오로는 우리가 성찬례를 거행할 때마다 미래를 내다보아야 한다고 강조합니다. 우리는 성찬례에서 "주님께서 오실 때까지, 주님의 죽음을"(1코린 11,26) 전합니다. 예수 그리스도와의 관계는 현재적일 뿐 아니라 미래에 완성될 관계이기도 합니다. 그때 주님께서는 우리가 영원히 당신과 함께 있도록 하기 위해 우리를 데리러 오실 것입니다. 그분과 더불어 새 생명을 누리고 싶은 우리의 깊은 갈망이 그때 충족될 것입니다. 오실 주님에 대한 대망待望 역시, 비교제의나 에세네파에서 널리 행해지던 제의적 식사 관행에 상응합니다. 하느님께서 이 세상을 종말에 이르게 하시어 영원히 도래할 구원의 시간에 대한 대망이 거기에도 존재했습니다. 도래할 세상은 하느님 홀로 다스리실 것입니다. 성찬례는 매번, 이 도래할 세상에 주의를 환기시킵니다. 이것은 우리가 죽은 후의 세상만이 아니요, 하느님께서 지금 이미 우리를 위해 마련해 주시는 세상이기도 합니다. 우리는 성찬례를 거행하면서, 하느님 친히 우리와 우리 시대에 역사役事하시고 이 세상을 더욱 당신의 다스림으로 관통하시어, 지금 하느님 나라가 확연히 드러나기를 소망합니다. 이 도래할 세상의 새로움은, 우리가 남녀노소·빈부의 차별 없이 다들 그리스도 안에서 하나 되는 새로운 공존을 살아 낸다면, 지금 우리 가운데 드러날 것입니다. 바오로는 성경의 표상들을 구체화합니다. 하느님 나라의 새로움은 우리 삶 속에서, 우리가 서로 관계 맺고 삶을 다스리는 방식에서 체험될 수 있어야 합니다.

성찬례는 매번 영원한 영광을 대망하는 일입니다. 우리는 하늘나라 잔치를 고대합니다. 예언자들이 약속한 그 잔치는 "살지고 기름진 음식과 잘 익고 잘 거른 술"(이사 25,6)이 베풀어지는 기쁨과 평화의 잔치입니다. 그리스 비교제의에서는 생사의 비밀을 전수받은 영혼들이 사후에 기대하는 식사를 현세에서 미리 맛보는 의식이 행해졌습니다. 이런 비교제의들을 배경으로 교부들은 성찬례를 영원한 혼인 잔치 식사에 참여하는 것으로 이해하기도 했습니다. 우리는 이를 통해 지금 이 땅에서 예수 그리스도와 하나 되며, 그분과 더불어 죽음으로 체험할 일치를 미리 맛봅니다.

코린토 전서 11장 23-26절의 성찬례 장면과 그리스 제의들을 비교해 보면 그리스도인 실존의 본질적 측면을 깨닫게 됩니다. 바오로가 당대를 풍미하던 신심에 대한 응답으로 선포한 것이 바로 이것입니다. 우리는 성찬례를 거행할 때마다 예수 그리스도의 신비로, 죽음을 뚫고 부활에 이르는 그 여정의 신비로 이끌려 듭니다. 그 운명에 우리가 동참합니다. 코린토 전서 10장 16절에서 바오로는 성찬례에서 떼는 빵과 축복하는 잔은 그리스도의 몸과 피에 동참(코이노니아)하는 것이라 말합니다. '코이노니아'*koinonia*라는 개념은 비의언어의 전형입니다. 우리는 예수 그리스도의 운명에 동참합니다. 그러면 마귀들의 식탁에는 참여할 수 없게 되지요(1코린 10,20-21). 세례와 성찬례를 통해 예수 그리스도와 친교를 맺은 이상, 이런저런 이방 신들의 운명에 동참할 수는 없습니다. 예수 그리스도가 우리 삶에 각인되어야 합니다. 우리는 성찬례 때마다 이를 실행하면서 예수님의 수난과 영광에 동참합니다. 그 때문에 초기 교회에서 성찬례는 매번 참된 인간 존재로의 진입 체험이었습니다. 우리는 이 세상의 지배에서 풀려납니다. 죽음을 이기신 예수 그리스도의 신적 생명과 세상 권세에 대한 그분의 승리에 동참합니다. 성찬례에서는 '이 세상 권력자들은 파멸하게 되어 있음'(1코린 2,6 참조)을 체험할 수 있습니다. 세상의 잣대, 판결, 단죄는 더 이상 우리를 지배하지 못합니다. 예수 그리스도의 죽음과 부활에서 명백히 드러난 자유와, 이 세상 모든 지혜를 능가하는 예수 그리스도의 완전한 지혜를 우리도 얻어 누립니다. "어떠한 눈도 본 적이 없고, 어떠한 귀도 들은 적이 없으며, 사람의 마음에도 떠오른 적이 없는 것들을, 하느님께서는 당신을 사랑하는 이들을 위하여 마련해"(1코린 2,9) 두셨으니, 우리는 이를 성찬례에서 미리 얻어 누립니다.

바오로는 주님 만찬을 묘사하면서, 당시의 희생 제물 식사 · 비교제의 · 화합 식사 · 맹약 식사 · 기념 식사 등에 내재된 사람들의 갈망을 간파합니다. 그러고는 이 갈망이 성찬례에서 충족된다는 것을 가르쳐 주는 동시에 그리스도인들에게는 새로운 태도를 촉구합니다. 이것은 신자들이 주님 만찬을 거행하는 방식에서 드러납니다. 바오로는 코린토 신자들의 행태를 엄히 질책합니다. 부자들은 성찬 집회에 일찌감치 와서 먹고 마셨습니다. 일을 마치고 뒤늦게 도착한 노예들은 포식하고 만취한 신자들을 목격했습니다. 이런 작태는 성찬례의 신비에 어울리지 않습니다. 성찬은 단순한 한 끼 식사가 아니라, 예수님의 죽음과 부활로 인도되는 일입니다. 그리스도와 일치한 사람들끼리 새로운 방식으로 함께 살아가는 것이 중요합니다. 이들은 마땅히 서로를 배려해야 합니다. 빈부의 차별을 폐기해야 합니다. 그리고 십자가에 못 박히고 부활하신 그리스도 친히 그들 가운데 계시며, 그들을 당신의 운명에 동참토록 하신다는 것을 똑똑히 알아야 합니다. 그리스도가 계신 곳에서 빈부의 낡은 잣대는 부러집니다.

비교제의만 새로운 실존으로의 진입을 강조한 것은 아닙니다. 그리스철학도 그랬습니다. 철학은 큰 스승이었습니다. 철학은 사람들을, 격정과 애욕이 아니라 정신과 지혜와 이성으로 각인된 새로운 실존 방식으로 이끌고자 했습니다. 사람들을 신의 뜻과 지혜에 따라 모든 것을 자유로운 정신으로 결정하고 실행하는 성숙한 인간으로 훈육하고자 했던 거지요. 당시에는 특히 에피쿠로스학파와 스토아학파 철학자들이 일종의 사목자와 삶의 조언자 역할을 했습니다. "그들은 개개인을 보살폈고, 그들이 성공적인 삶을 영위하도록 도왔다. '에우다이모니에'*eudaimonie*(행복, 복된 삶, 안녕)가 그들의 프로그램이었다"(Klauck, *Anknüpfung* 80). 바오로는 가는 데마다 그리스철학의 영향력을 절감했습니다. 학교에서 그리스식 교육을 받은 그는 플라톤과 스토아철학에 정통했습니다. 이 사실은 바오로 서간 여러 곳에서 확연히 드러납니다. 바오로에게는 그리스도인들이 철학을 배운 사람들보다 더 훌륭한 삶을 살거나, 최소한 좋은 표양을 보여 주는 것이 중요했습니다. 그래서 필리피 신자들에게 이렇게 써 보냈습니다. "형제 여러분, 참된 것과 고귀한 것과 의로운 것과 정결한 것과 사랑스러운 것과 영예로운 것은 무엇이든지, 또 덕이 되는 것과 칭송받는 것은 무엇이든지 다 마음에 간직하십시오"(필리 4,8). 그리스도인들은 스토아철학이 구현한 가치들을 스스로 살아 내야 합니다. 바오로는 자신이 그들에게 모범을 보였음을 상기시킵니다. "나에게서 배우고 받고 듣고 본 것을 그대로 실천하십시오"(필리 4,9). 철학이 '행복'을 논할 때 바오로는 '기쁨'을 선포합니다. 기쁨이 그리스도인의 표지가 되어야 합니다. 그러나 이것은 새로운 태도에서, 그리스도인들이 베푸는 호의와 친절에서 드러나야 합니다. 그래서 바오로는 필리피 신자들에게 촉구합니다. "주님 안에서 늘 기뻐하십시오. 거듭 말합니다. 기뻐하십시오. 여러분의 너그러운 마음을 모든 사람이 알 수 있게 하십시오. 주님께서 가까이 오셨습니다"(필리 4,4-5). 예수 그리스도께서 가까이 오셨다는 사실이 기쁨의 근거가 되고 새로운 태도의 동기를 부여합니다. 그리스도교가 에피쿠로스학파나 스토아학파 철학보다 더 본원적인 방식으로 사람들을 성공적인 삶으로 이끄는 이유가 바로 여기에 있습니다.

갈라티아서에서 바오로는 그리스철학이 중시하는 덕행들을, 그리스도인이 세례에서 선물 받는 성령과 결부시킵니다. 그리스도인들은 성령에 힘입어 살아가야 합니다. "성령의 열매는 사랑, 기쁨, 평화, 인내, 호의, 선의, 성실, 온유, 절제입니다"(갈라 5,22-23). 바오로는 이를테면 법과 규범으로부터의 자유를 설교하지 않습니다. 다만 그리스도인들이 윤리적 처신에서 이방인들을 능가하기를 바랍니다. 바오로에게 중요한 것은 어디까지나, 구원을 우리 힘으로 얻어 내야 할 까닭이 없다는 것입니다. 그렇지만 성령을 선사 받은 사람은 성령을 따라가야 합니다(갈라 5,25 참조). 성령은 그리스철학이 현자나 '비의전수자'들에게 기대하는 바에 상응하는 삶을 살 수 있는 능력을 줍니다. 예수 그리스도의 비밀에 이끌려 들어간 사람은 완전히 변화됩니다. 이 변화는 무엇보다 새로운 행실에서 드러나야 합니다. 스토아철학의 덕목들을 넘겨받아도 바오로는 도덕주의를 내세우지 않습니다. 오히려 예수 그리스도의 비밀에 이끌려 들면, 그리스철학의 요구에 부합하는, 아니 그것을 능가하는 덕행으로 귀결된다는 걸 알려 줄 따름입니다. 그리스철학은 정의, 용기, 절제, 지혜를 덕의 근본으로 알았습니다. 바오로는 영의 아홉 열매에 관해 말합니다. 사추덕은 사원소에 상응합니다. 아홉이라는 숫자는 인간 영혼의 모든 차원을 아우릅니다. 그리스인들은 인간을 욕구와 감정과 정신의 세 영역으로 나누었습니다. 바오로는 각 영역마다 새로운 태도를 세 가지씩 귀속시켰습니다. 사랑, 기쁨, 평화는 정신의 영역을 변화시킵니다. 인내, 호의, 선의는 감정의 영역에 새로운 색조를 부여합니다. 성실, 온유, 절제는 욕구의 영역과 관련되지요. 영은 전 인격을 사로잡고 변화시킵니다. 이 변화가 새로운 행실에서 드러납니다. 그리스도교 여정에서 체득하는 비밀은 당시 그리스철학이 제공하는 깨달음을 능가합니다. 인간의 모든 차원을 변화시키고 그 차원들을 하느님의 영으로 가득 채웁니다. 이로써 삶의 질이 새롭고 풍요로워지는 것입니다.

5

소명 체험

예수 그리스도와의 만남에서 바오로는 소명을 받았습니다. 온 세상에 나아가 이방인들에게 예수 그리스도의 복음을 선포하라는 소명입니다. 바오로는 자신이 "하느님의 뜻에 따라 그리스도 예수님의 사도로 부르심을 받았다"(1코린 1,1)고 거듭 밝힙니다. 하느님께 온 세상을 위한 소명을 받았다는 체험이 그를 사로잡았고 병약한 몸에 초인적인 능력을 부여했습니다. 적대와 비난을 수없이 겪으면서도 포기하지 않았습니다. 온 세상에 예수 그리스도의 복음을 선포하기 위해, 위험하고 황량한 지방들을 떠돌았고 험한 뱃길도 마다하지 않았습니다. 전인미답의 고장에서 복음을 전하겠다는 공명심도 좀 있었습니다. 로마제국 주요 도시들에 복음의 씨앗을 뿌리고 싶었습니다. 그리스 주요 도시들을 두루 거친 뒤, 로마를 거쳐 스페인까지 선교하리라 마음먹었습니다. 십자가에 못 박히고 부활하신 예수님에 관한 소식을 만인에게 선포하고 싶은 충동을 억누를 수 없었음이 분명합니다.

바오로가 자신의 유다교 옛 형제들과 도시국가에 사는 그리스인들로 하여금 예수 그리스도에 관한 소식을 믿게끔 하는 데 그토록 '올인'한 이유가 무엇인지 참 궁금합니다. 신심 깊은 유다인들은 하느님의 뜻을 실천하려 열심히 노력했습니다. 하느님은 그들에게 말씀하셨고 잘 사는 데 필요한 규범도 선사하셨습니다. 유다인들은 선택된 민족이었습니다. 하느님은 그들과 각별한 관계를 맺으셨습니다. 그리스인들도 자기네 신들을 섬기는 종교적 인간이었습니다. 그런데도 바오로는 예수 그리스도의 복음을 선포하기 위해 끝없는 신산고초를 감내했습니다. 예수 그리스도야말로 유다인뿐 아니라 그리스인들까지 눈뜨게 하시어 참생명으로 인도하실 기쁜 소식이라 확신했기 때문입니다. 바오로 자신이 예수 그리스도를 통해 해방과 구원을 깊이 체험했기에, 늘 전인미답의 새로운 길로 사람들에게 다가가 예수 그리스도라는 해방의 메시지를 선포했던 것입니다.

여정마다 엄청난 환난과 피폐를 겪습니다. 코린토 신자들에게 털어놓은 대로지요. "형제 여러분, 우리가 아시아에서 겪은 환난을 여러분도 알기를 바랍니다. 우리는 너무나 힘겹게 짓눌린 나머지 살아날 가망도 없다고 여겼습니다"(2코린 1,8). 그러나 바로 그런 상황에서도 바오로는 하느님의 도움과 개입을 체험합니다. 하느님은 바오로가 꺾이도록 버려두시지 않습니다. 환난으로 이끄시지만 다시금 거기서 끌어내십니다. "그분께서는 과연 그 큰 죽음의 위험에서 우리를 구해 주셨고 앞으로도 구해 주실 것입니다. 이렇게 우리는 하느님께서 또다시 구해 주시리라고 희망합니다"(2코린 1,10).

바오로는 소명을 수행하면서 예수님의 죽음과 부활의 신비를 몸소 체험합니다. 그는 자신의 질병, 개인적 약점, 광대한 세상 앞에서의 무력함을 잘 알고 있었습니다. 그런데도 방방곡곡 복음을 선포하기 위해 길 떠나, 온 로마제국을 두루 헤집고 다닙니다. 개인적 약점과 말씀의 권능 간의 긴장 속에서, 바오로는 십자가의 비밀을 생생히 몸 겪습니다. 예수님은 당신이 가장 철저히 무력해진 장소에서 가장 위대한 승리를 거두셨습니다. 그렇듯이 바오로도 성령께서 자신의 약점을 통해 역사하시고 사람들을 믿음으로 이끄신다는 것을 깨닫습니다. 이 체험을 코린토 신자들에게는 이렇게 표현합니다. "그리스도의 고난이 우리에게 넘치듯이, 그리스도를 통하여 내리는 위로도 우리에게 넘칩니다"(2코린 1,5).

하지만 언제까지나 자신의 고난만 자랑할 수는 없는 노릇이지요. 바오로는 자신의 무력함과 약점 때문에 괴로워합니다. 병을 낫게 해 달라고 주님께 간청도 해 봅니다. 그는 자신의 결함과 무력함을 몸에 박혀 줄곧 찔러 대는 가시, 사탄의 하수인으로 체험합니다. 그러나 주님께서는 이렇게 응답하십니다. "너는 내 은총을 넉넉히 받았다. 나의 힘은 약한 데에서 완전히 드러난다"(2코린 12,9). 그리하여 바오로는 그리스도를 위해 감수하는 박해와 두려움, 자신의 약함을 달갑게 여깁니다. "내가 약할 때에 오히려 강하다"(2코린 12,10)는 것을 알기 때문입니다. 사도의 이 체험은 내면의 긴장, 즉 내가 쓰고 가르치는 것과 나 자신에게서 느끼는 약함 사이의 긴장을 견디는 데 도움이 됩니다. 나는 사목자나 의사들과 많은 대화를 나누어 보았는데, 그들도 (바오로처럼) 흔히 자신의 무력함과 약점, 자신에 대한 실망, 자신에 대한 요구와 현실 간의 괴리 때문에 괴로워하더군요. 그들에게 바오로의 체험은 위로 이상의 효과가 있습니다. 이 체험은 그들로 하여금 자신과 자신의 무력함을 긍정하고, 사제·사목자·의사로서의 자기 이미지가 허물어질 때도 자책하지 않고, 오히려 거기서 그리스도가 역사하심을 보는 용기를 줍니다. 그들의 에고ego는 바로 그 약한 곳에서 깨집니다. 그때 그들은 자신도 남도 속일 수 없음을 절감합니다. 중요한 것은 예수 그리스도께서 통과하시도록 내가 투명해지는 것, 그리고 나의 성공과 영향력에 목매지 않는 것입니다.

바오로의 체험은 사목자나 의사뿐 아니라 모든 사람에게 통용됩니다. 우리는 온갖 결함들을 떨쳐 버리고 싶습니다. 무력함, 질병, 성마름, 신경증적 성격이 부끄럽습니다. 이것들과 맞서 싸우기도 하고, 이것들로부터 벗어나게 해 달라고 하느님께 청하기도 합니다. 그런데 우리가 끝장난 그곳,

우리의 무력함을 자인하지 않을 수 없는 바로 그곳에서, 은총이라 부를 수밖에 없는 무엇인가를 체험한다는 것은 그리스도인 실존의 역설이라 하겠습니다. 결함 속에서 한순간 깊은 내면의 평화를 느낍니다. 내면에서 그토록 아우성치던 에고가 침묵합니다. 우리는 자신과 화해하고 삶과 화해합니다. 우리 자신에게서가 아니라 하느님에게서 오는 평화의 한몫을 얻습니다. 이처럼 바오로의 개인적 체험들은 우리의 체험들에 빛과 희망을 던지며, 또한 그것들을 새롭게 평가하여 힘이 되게 해 줍니다.

오늘날에는 병고에 대한 해석도 다양합니다. 어느 부인이 내게 전화를 했습니다. 오랜 병고에 지쳐 스위스 의사들에게 안락사를 부탁했다는 것입니다. '확실한 처방'도 받아 놓은 상태였답니다. 나는 이 부인의 결단에 대해 왈가왈부할 자신이 없습니다. 나라면 어떻게 했을지 나도 모르기 때문이지요. 병고를 강요할 수는 없다, 고통은 참을 수 없는 것이다, 은근히 이런 생각들을 하고 있는 세태인 것 같습니다. 그러나 바오로는 자신의 무력함 속에서 고통을 참아 견디며 깊어 가는 병을 받아들이라고 말합니다. 바로 거기서 하느님의 은총과 권능이 드러나기 때문입니다. 바오로의 이 해석은 현대인들에게 달리 생각할 길을 열어 줍니다. 이를 받아들이는 사람은 어느 순간 영혼과 육신의 근원적 변화를 체험할 것입니다. 물론 그런 변화가 당장 일어나지는 않지요. 능력과 수단이 고갈되어 우리의 무력함을 온전히 감수할 수밖에 없을 때가 되어서야 변화는 일어날 것입니다.

선교 사명을 수행하는 동안 바오로는 예수 그리스도의 영광에 매료됩니다. 그 영광은 우리 얼굴에서도 빛납니다. 그러나 한편으로는, 깨지기 쉬운 자신을 절감하고 이렇게 씁니다. "우리는 이 보물을 질그릇 속에 지니고 있습니다. 그 엄청난 힘은 하느님의 것으로, 우리에게서 나오는 힘이 아님을 보여 주시려는 것입니다"(2코린 4,7). 우리 안에 지닌 보물을 담기에는 우리 자신이 너무 잘 깨지고 하찮은 그릇이라는 사실을 종종 아프게 깨닫곤 합니다. 그러나 바로 우리의 에고가 깨질 때, 보물은 우리 안에서 우리를 통해 다른 사람들에게 더 찬란히 빛납니다. 한 여가수는 내게, 콘서트가 그렇게 떨리더라고 말했습니다. 노래란, 절대 자기 뜻대로 불러지는 게 아니었다지요. 자신의 무력함을 느꼈을 때, 에고라는 질그릇이 깨진 바로 그 순간, 관객들 가슴 깊은 곳을 건드리는 그 무엇이 그녀 안에서 노래로 터져 나왔습니다. 그녀는 존재, 혹은 본질, 그녀를 넘어서는 그 무언가를 위해 자신을 투명하게 비워 내 주었던 것입니다.

우울증을 앓는 사제가 있습니다. 남들에게는 기쁜 소식을 선포하지만 정작 자신은 기쁜 줄도 모르겠다고 자책합니다. 우리가 예수님의 죽음을 몸에 지니고 다니는 것은 "우리 몸에서 예수님의 생명도 드러나게 하려는 것"(2코린 4,10)이라고 바오로는 말합니다. 우울증 · 성마름 · 내적 공허, 무엇에 시달리든 모든 것이 바오로에게는 예수님 죽음의 표지들입니다. 이것들이 우리의 에고를 부숨으로써 예수님의 생명이 우리 몸에서 빛날 수 있습니다. 외적 인간은 고통을 통해 우리 자신에게서 소멸되고, "우리의 내적 인간은 나날이 새로워집니다"(2코린 4,16). 어떤 체험인지 확실히 알겠습니다. 사목 활동을 하다가 나의 약점이나 무력함에 봉착하면, 나도 그 비슷한 체험을 하니까요. 바오로의 체험은 자신 때문에 고통받는 많은 사람에게, 예수 그리스도의 십자가와 영광의 신비를 위해 나 자신을 있는 그대로 투명하게 비우는 방법을 가르쳐 줍니다. 그러면 더는 자책할 일도 없지요. 자신에게 시달리는 고통을 삶과, 자신에게 주어진 소명의 일부로 이해할 테니까요.

이 개인적 텍스트 덕분에 바오로의 비밀이 내게 친숙하게 다가옵니다. 자신의 체험을 적확한 말로 표현하려고 무진 애를 쓴 듯하여, 내가 대신 말해 주고 싶기까지 합니다. 바오로는 자신이 사방에서 온갖 환난을 겪지만 멸망하거나 절망하지 않는다고 합니다. "우리는 박해를 받아도 버림받지 않고, 맞아 쓰러져도 멸망하지 않습니다"(2코린 4,9). 그는 자신의 극한 체험들을 미화하지 않습니다. 그러나 인간 존재가 아무리 깨지고 부서져도 희망은 빛납니다. 희망은 좌절·곤경·손상·억압으로 소멸되지 않습니다. 어떤 고통을 겪어도, 우리는 홀로 버려지지 않으며 끝장나지도 않는다는 확신을 줍니다. 하느님은 가장 어두운 삶의 국면까지 당신 빛으로 비추시고, 우리로 하여금 곤경을 돌파하여 새롭고 광활한 곳으로 나오게 하실 수 있습니다. 바로 이 개인적 체험에서, 좌절과 곤경과 변화의 이 체험들을 적확한 말로 표현하려는 그의 노력에서, 나는 바오로라는 인물의 비밀과 마주칩니다.

바오로는 자신의 어두운 면들을 잘 알고 있었습니다. 그리고 그 때문에 괴로워했습니다. 이 사실은 내적 분열에 관한 그의 서술에서 잘 드러납니다(로마 7,15 이하). 여기서 바오로는 인간의 보편적 상태를 묘사하지만, 실은 원의願意와 행위 사이의 균열을 자신의 체험에 비추어 서술하고 있는 셈이지요. 바오로는 선을 행하려는 본심과 죄를 지으려는 성향 사이에서 자신의 내적 분열을 느낍니다. 죄는 마치 내 안에 똬리를 틀고 앉아 나를 조종하는 독립된 권세를 방불케 합니다. "나는 선을 바라면서도 하지 못하고, 악을 바라지 않으면서도 그것을 하고 맙니다. 그래서 내가 바라지 않는 것을 하면, 그 일을 하는 것은 더 이상 내가 아니라 내 안에 자리 잡은 죄입니다"(로마 7,19-20). 이 구절에는 그리스 비극과 철학이 흔히 다루는 체험들도 분명히 암시되어 있습니다. 스토아철학자들은 이성과 격정의 분열에 관해 말합니다. 에우리피데스는 비극 「메데이아」에서 열정과 통찰의 균열을 보여 줍니다. "내가 어떤 비행을 저지를지 잘 알고 있으나 열정이 사려보다 강하니, 인간사에서 바로 이것이 큰 불행의 씨앗일세"(Euripides, *Medeia*. Theißen, *Psychologische Aspekte* 214에서 재인용). 성공회 사제이자 융의 제자인 존 샌포드

John A. Sanford가 보기에, 바오로는 여기서 심층심리학자의 말을 하고 있습니다. 그는 자신의 '그림자'(인격의 열등한 측면)를 잘 알지만 그 '그림자'를 극복하지 못하는 무력함도 절감합니다. 내면의 분열을 치유해 줄 존재는 예수 그리스도뿐입니다. 바오로는 자신과 자신의 내적 분열을 그리스도께 온전히 내맡겨 버렸습니다. (그분은 십자가에서 이 세상의 모든 대립을 당신의 사랑으로 통일시키신 분 아닙니까?) 그랬더니 과연 자신의 그림자가 받아들여지는 것이었습니다.

바오로는 철두철미 선교사였지만, 자신을 선교사의 원형(Archetyp)과 동일시하지는 않았습니다. 원형적 표상과 자신을 동일시하는 것은 위험하다고 융은 경고합니다. 그럴 경우 자신의 '그림자', 권력욕, 늘 옳고자 하는 욕망, 다른 사람에게 자기 견해를 설득시키려는 욕망에 눈멀고 마는 까닭이지요. 바오로는 자신의 '그림자'를 잘 알고 있었기 때문에, 선교사의 원형과 자기를 동일시하는 위험을 이겨 냈습니다. 그의 '그림자'는 예수님의 명으로 로마제국 모든 주요 도시에서 복음을 선포하는 일에 장애가 되지도 않았습니다.

신자들은 바오로를 끊임없이 적대시하고 비방했습니다. 그는 분명 아프고 지쳤을 것입니다. 그가 설교한 곳마다 다른 유랑 선교사들도 와서 설교했습니다. 그들은 바오로를 거슬러 활동했고, 그가 다른 복음을 선포한다고 비난하기 일쑤였습니다. 그들은 그리스도교의 유다교적 뿌리를 이방인들에게 납득시킬 작정이었습니다. 바오로에게 이 체험은 복음 선포 과업을 사실상 포기하거나 자신의 실패를 시인할 충분한 이유가 될 수도 있을 터였습니다. 그리스도교 신앙의 유다교적 뿌리를 내세워 사람들에게 할례와 율법 엄수를 요구하는 막강한 세력에 맞서 바오로는 고군분투했습니다. 그는 결코 포기하지 않습니다. 왕년에 율법 열광자로서 지녔던 고집이 자유의 참복음을 위해 헌신하는 지금 오히려 도움이 됩니다. 자신이 성공하고 정당화되는 것은 바오로에게 중요하지 않습니다. 자기에게 중요한 것은 오직 예수 그리스도의 복음뿐이라고 매번 강조합니다. 그 복음이 변조되어선 안 될 터였습니다. 그래서 번번이 적수들과의 대결을 감행하거니와, 가끔씩은 모진 말도 서슴지 않습니다. 여기서도 중요한 것은 냉혹함이나 독선이 아니라 예수 그리스도의 활동과 말씀입니다. 예수님의 십자가와 부활이 복음의 핵심인데, 그게 희석되면 안 되니까요. 십자가라는 걸림돌은 치워지지 않을 것입니다(갈라 5,11 참조). 그리스도인들이 할례나 계명 준수에만 의지한다면 그들에게 그리스도는 아무짝에도 쓸모없게 됩니다. 그래서 바오로는 갈라티아 신자들에게 촉구합니다. "그리스도께서는 우리를 자유롭게 하시려고 해방시켜 주셨습니다. 그러니 굳건히 서서 다시는 종살이의 멍에를 메지 마십시오"(갈라 5,1).

  바오로는 사명 수행 중에 또 하나의 체험을 해야 했습니다. 올바른 복음을 최우선으로 여기지 않는 설교자가 많다는 것이었지요. 그들에게는 오히려 자신의 성공과 명성이 중요했습니다. 그들은 자기 자신을 중심에 두었습니다. 바오로는 필리피 신자들에게 그들을 경계하라고 촉구합니다.

> 내가 이미 여러분에게 자주 말하였고 지금도 눈물을 흘리며 말하는데, 많은 사람이 그리스도의 십자가의 원수로 살아가고 있습니다. 그들의 끝은 멸망입니다. 그들은 자기네 배를 하느님으로, 자기네 수치를 영광으로 삼으며 이 세상 것만 생각합니다(필리 3,18-19).

바오로가 적수들에 관해 말한 것을, 오늘 우리도 똑같이 경험하고 있습니다. 아닌게 아니라 자기 자신과 자신의 허영심을 에도는 설교자가 많습니다. 그들은 자기가 예수님의 복음을 선포하는 줄 알지만, 실제로 선포하고 있는 것은 자기 자신입니다. 경건한 말로 병적 자기현시욕만 충족시키고 있는 것이지요. 그들은 사람들에게 예수 그리스도를 더 철저히 추종하라고 요구합니다. 하지만 그들이 철저성을 요구하는 것은, 자신의 내적 분열을 외면하고 형식의 붕괴에 대한 두려움을 숨기려는 처사에 지나지 않는다는 것을 깨닫지 못합니다. 나는 내적 중심이 결여된 사목자들을 자주 만났습니다. 그들은 엄격주의와 방임 사이를 오락가락했습니다. 그들이 (종교적) 요구에 철두철미한 것은 자신의 불안정성이 두려워서입니다. 바오로는 자신을 뒤흔든 체험에 터해서 예수 그리스도를 선포합니다. 자기의 분열된 실존 전체를 고스란히 자신의 선포 속으로 흡수시킵니다. 자신을 '슈퍼 사도'로 꾸미지 않으며 약점을 감추지도 않습니다. 그러나 그럴수록 자신의 체험을 더욱 일관되게 확신합니다. 그리스도께서 극단적 공격성을 지닌 자신을 변화시키시고 십자가의 자유를 체험케 해 주셨다는 것입니다.

　모든 장점과 약점을 아우른 자신의 온 인격을 자기 사명에 투입하고, 그럼으로써 바오로는 자기를 송두리째 잃을 수 있는 위험을 기꺼이 무릅씁니다. 이런 태도가 오히려 공격을 부릅니다. 바오로는 적수들뿐 아니라 자기 공동체 구성원들에게도 공격과 비난을 받았습니다. 사람들은 바오로를 "얼굴을 마주할 때에는 겸손하고 떨어져 있을 때에는 대담하다"(2코린 10,1)고, "그의 편지는 무게가 있고 힘차지만, 직접 대하면 그는 몸이 약하고 말도 보잘것없다"(2코린 10,10; 참조: Gnilka 291/220)고 비난했습니다. 바오로가 반감을 불러 일으켰던 것은 분명합니다. 그는 사람들을 매혹시킬 수 있었으나, 격렬한 반대도 불렀습니다. 바오로는 감정을 드러냅니다. 격정을 곧잘 이겨 내는 스토아학파의 유랑 설교자들과 이 점에서 다릅니다. 바오로는 사람들에게 자기 마음을 보여 줍니다. 코린토 신자들에게는 눈물을 흘리며 편지를 써 보냅니다. 자기 공동체들을 아버지처럼(1테살 2,11), 어머니처럼(1테살 2,7) 마음 써 보살핍니다. 그리고 팀을 이루어 일합니다. 그러나 그와 함께 일하는 것이 분명 쉽지는 않았을 것입니다. 충실한 동료 바르나바와 사이가 틀어집니다.

요한 마르코와는 두 번 다시 함께 일하려 하지 않습니다. 바오로는 분명히, 우리가 흔히 성인들에 관해 상상하는, 원만한 인품을 지닌 사람이 아니었습니다. 그는 강렬한 내적 긴장으로 점철되어 있었습니다. 그러나 자신을 이루고 있는 모든 것을, 예수 그리스도의 복음을 선포하는 자기 사명 안에 고스란히 들여왔습니다.

바오로는 자신을 온전히 자기의 사명과 일치시킵니다. 사명을 수행하기 위해 독신을 고수합니다. 로마제국 변방에까지 복음을 전하기 위해 온 힘을 쏟아 붓습니다. 여정에서 예상할 수 있는 위험들, 투옥과 돌팔매도 사도의 사명 수행을 가로막지 못합니다. 코린토 후서에서 바오로는 사명 완수를 위해 감내해야 했던 노고에 관해 이야기합니다.

> 나는 마흔에서 하나를 뺀 매를 유다인들에게 다섯 차례나 맞았습니다. 그리고 채찍으로 맞은 것이 세 번, 돌질을 당한 것이 한 번, 파선을 당한 것이 세 번입니다. 밤낮 하루를 꼬박 깊은 바다에서 떠다니기도 하였습니다. 자주 여행하는 동안에 늘 강물의 위험, 강도의 위험, 동족에게서 오는 위험, 이민족에게서 오는 위험, 고을에서 겪는 위험, 광야에서 겪는 위험, 바다에서 겪는 위험, 거짓 형제들 사이에서 겪는 위험이 뒤따랐습니다. 수고와 고생, 잦은 밤샘, 굶주림과 목마름, 잦은 결식, 추위와 헐벗음에 시달렸습니다 (2코린 11,24-27).

하지만 예수 그리스도께 너무나 강력히 사로잡혔기에, 이런 온갖 위험과 고통도 바오로의 충실한 사명 수행을 결코 위축시킬 수 없었습니다. 그는 그리스도께서 자신을 온 세상에 파견하셨음을 굳게 믿었습니다. 그것이 그의 삶이었으니, 그 삶이 그에게 어떠한 희생을 요구했어도, 설사 그를 죽음으로 이끌었어도 결과는 마찬가지였을 것입니다.

바오로는 유다교와 막강한 로마제국이라는 환경 속에서 예수님의 죽음과 부활 소식을 용감히 선포했습니다. 이와 같은 확신의 은사와 담대한 헌신과 자신감이 우리에게도 절실히 필요합니다. 그는 예수님에 관한 소식이야말로 인간을 해방하고 치유하고 깨우고 일으키는 소식이며, 사람들이 오랜 옛날부터 마음속 깊은 곳에서 고대해 온 소식이라고 확신했습니다. 오늘날 우리 그리스도인들에게는 그런 자신감이 없습니다. 종교들이 쟁명하는 현대 서구 사회에서는 불자와 힌두교인들까지 씩씩하게 말을 건네고 세인의 관심을 끌고 있습니다. 우리는 그동안 사람들의 갈망을 그저 슬쩍 건드리고 지나가는 말로 그리스도의 복음을 전하지나 않았는지요. 사람의 마음을 움직이는 새로운 언어를 찾아내야 합니다. 그 방법을 바오로에게서 배울 수 있습니다. 확실히 바오로는 사람들을 감동시키는 언어를 찾아냈거니와, 이 언어가 그들을 이끌어 그리스도를 따르는 일에 자신의 온 실존을 걸게 했습니다. 예수 그리스도와의 만남은 자유와 신선한 생명력으로 가는 길이었습니다. 그것은 예수님의 죽음에서 우리에게 드러났던 바, 하느님의 조건 없는 사랑에 대한 체험이었습니다.

바오로는 그리스도께서 우리를 해방하신 자유로, 성령을 통해 우리에게 쏟아 부어진 사랑으로 인도하고자 합니다. 우리는 하느님의 사랑을 쟁취해야 할 까닭이 없습니다. 그 사랑은 우리 안에 있습니다. 우리 눈이 뜨이고 자신의 가치를 입증하려는 억지 노력을 포기할 때, 우리 안에 있는 이 사랑을 맛보게 됩니다. 예수님의 십자가 죽음 이래 인간 실존의 높고 낮은 곳에, 아니 온 삼라만상에 스며든 이 사랑을 맛보라고 바오로는 우리를 초대합니다. 바오로에게 사랑은 독자적인 권능입니다. 그가 사랑하라고 촉구할 이유가 없습니다. 사랑은 하느님의 선물이지요. 이 선물은 이미 주어져 있습니다. 사랑은 삶을 변화시키는 힘입니다. 이 사랑이 바오로 자신도 움직였습니다. 자기의 모든 노력도 사랑 없이는 아무것도 아니라고 바오로는 노래합니다. 사랑이 없다면 그의 선포는 "요란한 징이나 소란한 꽹과리"에 지나지 않습니다(1코린 13,1). 이 표현은 이교 제의에서 사용되던 시끄러운 악기들을 암시합니다. 사랑이 없다면, 자기가 하는 모든 일이 헛되고 효험 없는 제의 꼴이 된다는 것이지요. 사랑을 통해 비로소 바오로는 사람들을 얻습니다. 그리고 스스로 체험한 이 사랑으로 사람들을 이끌고자 합니다. 성령께서는 우리 안에 사랑을 쏟아 부어 넣었습니다. 이 사랑이 우리를 변화시키고 삶에 새로운 풍미를 선사하는 힘이라는 것을 믿어야 합니다. 사랑은 우리를 친교로 이끌고, 일상에서 경험하는 모든 것을 새로운 빛으로 보게 해 줍니다. 바오로는 이렇게 말합니다. "사랑은 모든 것을 덮어 주고 모든 것을 믿으며 모든 것을 바라고 모든 것을 견디어 냅니다. 사랑은 언제까지나 스러지지 않습니다"(1코린 13,7-8). 이 사랑이 바오로의 사명 수행을 이끌었습니다. 사랑이 없었다면 첫 위험이 닥쳤을 때 이미 포기했을 것입니다. 하지만 사랑은 바오로로 하여금 모든 것을 견디어 내게 했습니다. 이 세상의 모든 증오와 어둠을 이기는 것이 바로 하느님의 사랑임을 믿고 바랄 수 있게 해 주었습니다.

6

구원 체험

구원에 관해 이야기할 때면 가끔 격한 반론에 부딪힙니다. 바오로의 가르침에 따르면, 우리가 예수 그리스도의 피로 깨끗이 씻겼으며, 그리스도께서 우리 죗값을 당신 수난으로 갚으셨고, 우리 죄 때문에 징벌을 견뎌 내셨다는 것이지요. 그리스도교 근본주의자들은 자기네 구원관의 근거로 흔히 바오로를 내세웁니다. 하지만 이는 사도를 근본적으로 오해하는 것임을 그들은 전혀 알지 못합니다. 그들은 바오로가 구원의 신비를 표현하는 데 쓴 표상과 상징들을 가지고 교의를 만들었는데, 여기서 잔혹한 하느님상像이 종종 내비치고 있습니다. 우리가 죄에서 벗어날 수 있도록, 하느님이 당신 아드님에게 세상의 죗값을 대신 치르게 하셨다는 것이지요. 나는 근본주의자들의 공격성에 경악하며, 이렇게 자문합니다. 그들이 그리는 하느님상은 도대체 어떤 것일까? 그들은 구원을 정말 해방으로 체험하고 있을까? 자신이 참으로 죄에서 해방되었음을 느끼고 있을까? 아니면 자신의 죄를 남에게 투사投射하고 있는 건 아닐까? 그들의 공격성은 최소한, 죄를 용서받아 자유로워졌다는 느낌을 스스로 받지 못하고 있음을 드러냅니다. 그들은 자신이 만든 음울한 하느님상 때문에 바오로의 기쁜 소식을 왜곡하고 있다는 것을 모르고 있습니다. 바오로는 예수 그리스도에 의한 구원을 온 존재로 체험했고, 이 구원의 신비를 새로운 표상과 상징들을 통해 거듭 표현했습니다. 우리에게는 바오로 언어의 구상성具象性과, 그가 표상들을 통해 시사하는 체험 배경을 읽어 내는 감수성이 필요합니다. 그래야 바오로가 구원을 어떻게 체험했는지, 그리고 그 구원이 우리에게도 어떤 해방적 체험이 될 수 있는지 이해할 수 있습니다.

우리는 바오로가 구원의 신비를 표현하기 위해 사용한 표상들을 가지고 나름의 구원론을 개진해서는 안 됩니다. 바오로 자신도 체계적 신학을 고안하지는 않았습니다. 그는 늘 자신의 개인적 체험을 근거로 수신자들의 구체적인 상황과 관련지어 말했습니다. 예수님이 우리 죄에 대한 아버지 하느님의 진노를 가라앉히기 위해 십자가에서 우리 죗값을 대신 치르셨다는 이론은 바오로의 체험을 옳게 이해한 것이 아닙니다. 이른바 '대리 보상'(satispassio)이란, 애당초 우리가 받도록 되어 있는 징벌을 예수님이 대신 떠맡았다는 신학적 명제를 말합니다. 그러나 이 명제 역시 구원에 대한 바오로의 체험과 해석을 그릇되이 다루고 있습니다. 이런 언설들 배후에는 잔혹한 하느님상이 도사리고 있습니다. 하느님이 우리 죄를 용서하시는 데는 당신 아드님의 죽음이 꼭 필요했다는 거지요. 사람들은 로마서의 한 구절을 이 이론의 전거로 내세웁니다. "하느님께서는 믿음으로 유효한 속죄를, 예수님이 그분의 피로써 실행하도록 정하셨습니다"(독일어 공동번역 로마서 3,25). 이 구절을 직역하면 이렇습니다. "하느님께서는 믿음으로 (유효한), 그분의 피에 의한 속죄 장소로 그분을 제시하셨습니다." 여기서 '속죄 장소'로 옮긴 그리스어 '힐라스테리온'*hilasterion*은 본디 예루살렘 성전 지성소의 계약 궤를 덮는 금장 속죄판을 가리킵니다. 이 속죄판은 하느님 친히 좌정하시는 장소입니다. "속죄는 대사제가 성전 지성소에 들어와 이 금장 속죄판에 속죄 제물의 피를 뿌림으로써만 이루어진다"(Klauck, *Gemeinde* 353; 참조: 레위 16,14-16). 바오로는 속죄 장소라는 이 상징으로 실로 혁명적인 사실을 말하려 합니다. 이제는 속죄가 성전 안이 아니라 모두가 보는 데서 공공연히 이루어진다는 것이지요. "하느님께서 당신을 십자가에 달리신 그리스도와 동일시하시기 때문에, 이제부터는 십자가가 하느님 현존의 새롭고 결정적인 장소다"(같은 책 353). 인간의 죄가, 살인자의 증오가, 권력자의 비겁함이, 비방자의 거짓이 난무하는 장소인 십자가가 그 어떤 죄악보다 강력한 하느님 사랑의 장소로 변합니다. 바오로에게 십자가의 역설이란, '하느님과 아무 상관 없는' 이 잔혹함의 장소에서 죄를 용서하시는 하느님의 사랑이 뚜렷이 드러난다는 사실이었습니다. 바오로에게 구원은 피비린내 나는 사건이 아니라 세상의 증오와 악의에 대한 사랑의 승리입니다. 이런 하느님의 사랑에 관해 그는 이렇게 말합니다. "그런데 우리가 아직 죄인이었을 때에 그리스도께서 우리를 위하여 돌아가심으로써, 하느님께서는 우리에 대한 당신의 사랑을 증명해 주셨습니다"(로마 5,8). 바로 앞 절에서 바오로는, '의로운 이를 위해서라도 죽을 사람은 거의 없을 거'라고 말합니다. 더구나 악한 자를 위해 죽을 사람은 아무도 없겠지요. 그런데 하느님께서는 예수 그리스도를 통해 이 법을 폐기하셨습니다. 예수님은 우리가 아직 죄인이었을 때 우리를 위해 돌아가셨습니다. 그분은 우리가 죄 속에 갇혀 있고 남들의 호감을 살 만하지 않았는데도 당신의 사랑을 실증해 보여 주셨습니다. 바로 여기에 구원하시는 하느님 사랑의 역설이 있다고 바오로는 믿습니다. 이 사랑이 예수님의 십자가 죽음에서 우리를 비추었습니다. 내적으로 마비된 사람은 녹여 주고, 갇힌 사람은 풀어 주고, 경직된 사람은 부드럽고 다감하게 만들어 주는 것이 바로 이 사랑입니다. 이 사랑은 온갖 인간적 장애와 죄악보다 강합니다.

바오로에게 또 다른 구원의 표상은 십자가에서 죄가 폐기되었다는 것입니다. 예수님은 이 세상 죄가 그분을 십자가에 넘겼기 때문에 죽임을 당했습니다. 그러나 십자가에서 예수님은 죄를 폐기하고 무력화하셨습니다. 예수님과 함께 죄도 죽었습니다. 더는 죄가 우리를 지배할 수 없습니다. 그래서 바오로는 로마 신자들에게 이렇게 말합니다. "우리의 옛 인간이 그분과 함께 십자가에 못 박힘으로써 죄의 지배를 받는 몸이 소멸하여, 우리가 더 이상 죄의 종노릇을 하지 않게 되었습니다"(로마 6,6). 바오로는 상징과 표상들을 통해 말하기 때문에 우리가 그런 상징들을 가지고 함부로 이론을 지어내면 안 됩니다. 이것이 이 구절이 시사하는 바입니다. 상징은 분명합니다. 십자가에 달린 나자렛 예수님에게서 이 세상의 죄가 뚜렷이 드러난다는 것입니다. 과연 그분에게 이 세상의 죄가 난무합니다. 그러나 예수님이 살해자와 배신자들의 죄에 사랑으로 맞서시니, 죄가 죽고 그 권세가 십자가에서 말소됩니다. 죄는 우리를 지배하지 못합니다. 죄가 죄를 낳고, 증오를 증오로 갚고, 상해를 더 큰 상해로 갚는 죄의 법 말고, 사랑에 반하는 것을 자기 안에 받아들여 변화시키는 사랑의 법을, 우리는 십자가에서 알아봅니다. 죄의 깊은 어둠조차 십자가에서는 하느님 사랑의 빛에 관통되고 밝아집니다. 죄가 십자가에서 폐기되었다면, 죄는 우리를 지배할 권세를 상실했습니다. 이것은 주술적 사건이 아닙니다. 십자가가 자동적으로 우리에게 구원을 가져다주는 것은 아닙니다. 십자가에 달리신 예수님을 바라보고 묵상하면서 그분의 사랑이 우리 안에 흘러들게 할 때, 비로소 죄는 힘을 잃습니다. 이 판이한 사랑의 법이 우리를 사로잡습니다. 우리는 우리를 에워싸고 있는 죄에 달리 반응하게 됩니다. 통상적 반응은 자기 단죄나 자기 징벌이겠지만, 십자가는 자신의 죄에 달리 반응하라고 권고합니다. 스스로 설정한 자신의 이상상에 부합하지 못한다고 자신을 가차 없이 단죄하는 사람들을 자주 만납니다. 자신을 평가절하하고 단죄하는 이 메커니즘은 십자가에 의해 폐기되었습니다. 자신의 죄를 뚫어지게 응시하는 짓일랑 이제 그만둡시다. 죄악보다 강함을 십자가에서 입증한 저 사랑만 바라봅시다.

십자가에서는 죄와 더불어 이 세상 잣대들도 폐기되었습니다. 바오로는 갈라티아 신자들에게 그리스도의 십자가로 말미암아 "내 쪽에서 보면 세상이 십자가에 못 박혔고, 세상 쪽에서 보면 내가 십자가에 못 박혔습니다"(갈라 6,14)라고 말합니다. 이것은 세상이 더는 나에게 권세를 행사하지 못하고, 세상 잣대들의 효력이 말소되었음을 뜻합니다. 사람들이 자신을 어떻게 생각하는지에 대해 바오로는 전혀 관심이 없습니다. 누가 할례를 받았는지 받지 않았는지도 관심이 없습니다. 그런 인간적 평가는 그에게 전혀 중요하지 않습니다. 십자가는 바오로에게 자유의 상징이 되었습니다. 우리는 이 세상 권세로부터 자유롭습니다. 십자가는 우리의 사유를 다른 차원으로 끌어올립니다. 무엇이 중요하고 무엇이 중요하지 않은지에 대한 인간적 판단, 외적 방법과 규범에 대한 집착, 이 모든 것이 폐기되었습니다. 십자가는 (후

세 시인들이 묘사하듯이) 하늘 문을 여는 열쇠, 우리의 속된 생각을 부수고 새로운 사유의 문을 여는 열쇠입니다. 그리스도인의 이 새로운 사유와 존재를 바오로는 '새 창조'라고 부릅니다. 그에게는 "새 창조만이 중요할 따름입니다"(갈라 6,15). 바오로에게 구원은 무엇보다도, 그리스도 안에 새 피조물로 존재함을 뜻합니다. "누구든지 그리스도 안에 있으면 그는 새로운 피조물입니다. 옛것은 지나갔습니다. 보십시오, 새것이 되었습니다"(2코린 5,17). 이 그리스도 안의 새 피조물은 성령의 은사에 의해 각인되어 있습니다. 영은 인간을 새로이 꼴 짓고 창조합니다. 영은 바오로도 몸소 절감한 당위와 실제 행위 사이의 균열을 극복할 수 있게 도와줍니다. 영에 힘입어 살아가는 사람에게는 육의 내적 분열도 더는 권세를 부리지 못합니다. 믿음과 세례를 통해 새로운 친교가 생성되는 곳에서는 언제나 새 창조가 이루어집니다. 새 창조는 우리가 서로를 바르게 볼 수 있는 전제입니다. 우리는 더 이상 편견의 안경을 쓰고 보지 않습니다. 그리고 모든 형제자매에게서 예수 그리스도의 얼굴을 봅니다. 그들 각자에게서 본디의 얼굴과 훼손되지 않은 영광을 봅니다. 하느님께서 창조 때 각 사람에게 부여하셨던 이것들이 그리스도에 의해 다시 새롭게 드러났습니다.

바오로의 또 다른 구원 체험은, 그리스도께서 남 아닌 바오로 자신을 위해 십자가 희생을 감당하셨다는 것입니다. 바오로에게 십자가는 하느님께서 바오로 개인을 사랑하시고 단죄하지 않으신다는 사실의 확증입니다. 그래서 갈라티아서에서 이렇게 말합니다. "이제는 내가 사는 것이 아니라 그리스도께서 내 안에 사시는 것입니다. 내가 지금 육신 안에서 사는 것은, 나를 사랑하시고 나를 위하여 당신 자신을 바치신 하느님의 아드님에 대한 믿음으로 사는 것입니다"(갈라 2,20). 바오로 개인을 위한 (그리고 우리 각자를 위한) 예수님의 희생이 바오로가 그의 삶을 (그리고 우리가 우리의 삶을) 건설하는 토대가 됩니다. 내가 누군가에게 중요한 존재이고 그 사람도 나를 조건 없이 사랑해 주기를 우리는 갈망합니다. 이것을 바오로는 예수님의 십자가에서 생생히 체험했습니다. 그리고 자신을 완전히 변화시킨 이 복된 체험을 모든 사람에게 선포하고 싶어 합니다. 다른 종교들에서는 찾기 힘든 사례지요. 바오로는 이 그리스도교 특유의 소식을 땅 끝까지 전하여 만인의 삶을 견고한 토대 위에 건설하게 해야 한다고 생각했습니다. 그 토대란 다름 아닌 예수 그리스도에게서 드러난 하느님의 조건 없는 사랑입니다.

바오로는 예수님께서 우리를 위해 돌아가셨다는 사실을 자신이 익히 알던 한 전승에서 인용했는데, 그 내용이 코린토 전서에 나옵니다. "나도 전해 받았고 여러분에게 무엇보다 먼저 전해 준 복음은 이렇습니다. 곧 그리스도께서는 성경 말씀대로 우리의 죄 때문에 돌아가시고 묻히셨으며, 성경 말씀대로 사흗날에 되살아나시어, 케파에게, 또 이어서 열두 사도에게 나타나셨습니다"(1코린 15,3-5). 여기서 '우리의 죄 때문에'라는 표현은 예수님이 우리 죄를 대속하셨다는 뜻이라기보다는, 우리 죄가 그분 죽음의 원인이었다는 뜻입니다. 이 세상 죄가 예수님을 십자가로 몰아갔습니다. 여기서 바오로에게 결정적인 말은 '때문에'입니다. 예수님은 '우리 때문에', 요컨대 사랑으로 말미암아 돌아가셨습니다. 우리가 그분에게 그토록 중요했기 때문이요, 그분이 당신 사랑의 메시지를 끝끝내 관철하셨기 때문입니다. 바오로가 온갖 저항을 무릅쓰고 그의 복음을 견지하듯, 그리스도께서도 당신의 사랑을 끝까지 보여 주셨던 것입니다. 바오로는 예수님이 "우리의 잘못 때문에"(로마 4,25) 죽음에 넘겨지셨다고 말합니다. 우리 죄가 그분 죽음의 원인이었습니다. 그러나 예수님은 이 외적 원인들을 사랑의 내적 행위로 전환시키셨습니다.

바오로는 구원 체험을 이제는 아무것도 자기를 단죄할 수 없다는 표상으로도 표현합니다. 그가 예수님 십자가 안으로 조건 없이 받아들여졌기 때문입니다. 바오로는 이 체험을 '의화'義化(Gerecht-gemacht-Werden)라는 (상당히 생소한) 개념을 가지고 상술합니다. 구원은 우리가 스스로 의로워져야 한다는 압박에서 자유로워진 상태를 뜻합니다. 십자가 상의 그리스도께서 우리에게 하느님의 의로움을 선사하셨습니다. 하느님이 보시기에 우리는 선하고 의롭습니다. 더 이상 죄를 달고 다니지 않습니다. 하느님 눈에 죄는 전혀 중요하지 않습니다. 우리를 위해 자신을 바치신 그리스도 덕분에,

우리는 하느님 앞에서 올바르고 의롭다고 인정받았습니다. 당시 바오로는 '의로움'(Gerechtigkeit), '의화'(Gerechtmachen) 등의 개념을 구사했고, 사람들은 이 말을 알아들었습니다. 바오로는 이 말로써 사람들의 체험을 건드리고 헤집었습니다. 오늘날 우리에게는 이런 개념들이 몹시 낯섭니다. 이에 대한 주석가들의 해설도 대개는 무미건조하고 추상적입니다. 내가 이해할 수 있고 내게 치유와 해방을 가져다줄 나만의 개념을 찾아내야 합니다. 폴 틸리히Paul Tillich는 죄인의 의화를 '받아들일 수 없는 것을 받아들임'이라는 개념으로 옮겼습니다. 이 개념은 자신을 단죄하려는 성향에서 우리가 해방되었다는 결정적 메시지를 던집니다. 나는 독실한 그리스도인들이 이렇게 말하는 것을 자주 들었습니다. "그래선 안 되는 거였어. 질투하고 화내다니. 나이 오십이면 성생활도 더 건강해져야지. 가학적 성행위나 상상하고, … 난 참 나쁜 신자야." 십자가를 통한 구원 체험은 내게 인정과 수용을 뜻합니다. "다 괜찮아. 그냥 생긴 대로 놔둬. 그런 공격적이고 가학적이고 피학적인 감정들이 내 안에 다 있잖아. 질투와 분노, 공포와 슬픔이 다 들어 있어." 그러나 나는 온갖 자기단죄를 무력화시킨 십자가를 바라보면서, 나의 온 존재를 감히 그리스도께 내드리기도 합니다. 십자가에서 예수님은 인간 영혼의 모든 심연을 꿰뚫어 보셨습니다. 인간적인 것 치고 그분이 모르는 것은 아무것도 없습니다. 그분은 우리 영혼의 이 어두운 영역 속으로 당신의 사랑이 흘러들도록 하셨습니다. 이것이 우리를 구원하고 변화시켰습니다. 이렇듯 십자가는 내 안의 모든 것에 스며들어 모든 자기 비난·자기 고발·자기 단죄를 내려놓고 사랑을 믿으라고 권합니다. 이제는 단언할 수 있습니다. "네 안의 모든 것이 받아들여졌어. 그냥 생긴 대로 살아. 네 모든 걸 사랑 안에 갈무리해 둬. 그것들이 널 해치기는커녕, 너의 그 오만 가지 자기 평가보다 사랑이 훨씬 강하다는 걸 기억하게 해 줄 거야."

그러나 의화로서의 구원 체험이 내게 의미하는 바는 좀 다릅니다. 자기 고발과 자기 평가로부터 자유로워지는 것뿐 아니라, 아예 평가 자체를 전면적으로 놓아 버리는 일이 진짜 중요한 관건입니다. 나는 사람들이 생각하고 행동할 때마다 바로바로 평가하고 점수를 매긴다는 것을 알게 되었습니다. 자신을 남보다 높이 평가하거나, 아니면 스스로를 깎아내리고는 혼자 언짢아하지요. 우리가 예수 그리스도의 죽음에 의해 하느님 앞에서 의롭게 되었다는 것이 내게 의미하는 바는 이것입니다. "아무것도 평가하지 마. 조건 없이 사랑받고 있잖아. 하느님이나 남들 앞에서, 그리고 네 자신 앞에서조차 스스로를 평가하려 들지 마. 하느님의 조건 없는 사랑을 체험하면서 살아. 그리고 너 자신을 조건 없이 받아들여." 우리가 깎아내린다고 우리 안의 뭔가가 변하지는 않습니다. 오히려 우리를 끝까지 따라다니며 못살게 굴 것입니다. 끊임없이 자신을 고발하면서 자기 죄를 에도는 그리스도인이 많습니다. 이 자기 고발이 우리의 그릇된 행태를 지속시키는 담보입니다. 평가를 놓아 버려야 비로소 평가를 거리낌 없이 받아들일 수 있습니다. 그건 정말 어려운 일입니다. 자기 고발을 그만둘 때만 우리 안에서 중요한 뭔가가 자라나 서서히 사랑의 모습을 갖추어 갈 수 있습니다. 그 사랑은 예수 그리스도 안에서 우리를 환히 비춥니다.

바오로에게 예수님의 십자가 죽음은 다양한 구원의 표상입니다. 십자가는 우리가 "죽은 이들 가운데에서 살아난 사람들"임을 일깨워 줍니다(로마 6,13). 하여 우리는 죄에서 죽어야 합니다. "죄가 여러분 위에 군림할 수는 없습니다. 여러분은 율법 아래 있지 않고 은총 아래 있습니다"(로마 6,14). 십자가는 죄의 권세에 대한 표상입니다. "그러나 죄가 많아진 그곳에 은총이 충만히 내렸습니다"(로마 5,20). 이것은 구원의 신비에 대한 찬미입니다. 이것을 가지고 무슨 이론을 만들어 낸다면, 바오로의 근본 관심사를 옳게 이해하지 못한 셈입니다. 나는 예수 그리스도의 피를 지나치게 중시하는 그리스도인을 많이 알고 있습니다. 그러나 그들의 언사는 매우 공격적이고 비판적입니다. 바오로의 말이라고 내세우면서도 그의 시적 언어를 옳게 이해하지 못합니다. 시를 가지고 교의를 세우고, 구원의 기쁨을 가지고 독선을 주장합니다. 불안하기에 오히려 공격적입니다. 그러나 바오로의 시적 언어에 자신을 맡기면 구원의 기쁨이 우리 안에 자라납니다. 하느님은 십자가에서 우리 삶의 모든 것을, 우리의 잣대와 자화상과 하느님상을 변화시켰습니다. 그분이 우리를 죄의 권세에서 해방시키셨으니, 우리는 이제 자유와 감사 속에서 하느님의 자녀로 살아갈 수 있습니다.

정작 바오로 자신은 근본주의자들처럼 피에 관해 자주 언급하지 않았습니다. 이 점, 유념해야 합니다. 구원과 관련지어 바오로가 피에 관해 말하는 곳은 딱 두 군데뿐입니다. 코린토 전서의 세 구절(1코린 10,16; 11,25; 11,27)은 오히려 성찬례에 관한 것입니다. 성찬례에서 우리는 그리스도의 피에 동참합니다. 여기서 피는 우리를 위한 예수님의 희생의 표지입니다. 빵에 관한 설명은 이렇습니다. "이는 너희를 위한 내 몸이다"(1코린 11,24). 잔에 관한 설명은 이렇습니다. "이 잔은 내 피로 맺는 새 계약이다"(1코린 11,25). 그러니까 빵과 포도주가 그리스도의 몸과 피에 대비되는 것이 아니라, 빵과 잔이 그리스도의 몸과 새 계약에 대비됩니다. 피는 계약 체결을 연상시킵니다. 계약은 통상 피로써 날인되었으니까요. 십자가에서 하느님께서는 우리 인간과 새 계약을 체결하셨습니다. 예수님의 죽음을 통해 하느님께서는 당신과 우리를 새로운 방식으로 맺으셨고, 우리의 불충에도 불구하고 이 계약은 지속되며 우리 죄인들에게도 유효하다고 약속하셨습니다. 이것이 기쁜 소식이며 바오로는 바로 이 소식을 선포하고 있는 것입니다. 하느님은 당신 아드님 예수 그리스도를 통해 당신을 우리 죄인들과 결합하셨습니다. 하느님과 결합하는 데 우리 죄는 전혀 장애가 되지 않습니다. 십자가에서 죄가 권세를 잃었기 때문입니다.

개신교 주석학자 한스 콘첼만은 바오로가 '피'라는 개념을 사용하는 것에 관해 이렇게 말합니다. "바오로의 구원론에서 그리스도의 피는 전통적 역할만 수행한다. 이 개념은 바오로의 인용구(로마 3,25)와 이 전통의 여운이 남아 있는 구절(로마 5,9)에만 나온다"(Conzelmann, *1. Korintherbrief* 235). 첫째 구절은 앞서 이미 설명했습니다. 여기서 중요한 것은 피 자체가 아니라 '화해'입니다. 둘째 구절도 근본적으로 화해를 지향합니다. "그러므로 이제 그분의 피로 의롭게 된 우리가 그분을 통하여 하느님의 진노에서 구원을 받게 되리라는 것은 더욱 분명합니다. 우리가 하느님의 원수였을 때에 그분 아드님의 죽음으로 그분과 화해하게 되었다면, 화해가 이루어진 지금 그 아드님의 생명으로 구원을 받게 되리라는 것은 더욱 분명합니다"(로마 5,9-10). 예수님의 피는 하느님의 진노를 가라앉히기 위한 것이 아닙니다. 오히려 우리를 위한 예수님의 헌신을 확인시켜 줍니다. 이는 십자가에서 명백해졌습니다. 사랑에서 비롯한 이 희생은 화해하시는 하느님의 사랑을 보여 줍니다. 그리스 문화권에서 '화해'란 적대 관계를 종식하고 평화조약을 체결한다는 뜻입니다. 하느님이 우리의 적이었던 때가 한 번이라도 있었습니까? 그런데도 우리는 죄로써 하느님께 대적했습니다. "하느님께서는 순전한 사랑으로 당신 아드님을 당신께 대적하는 죄인들에게 내주셨다. 이로써 하느님은 친히 당신과 죄인들 간의 적대 관계를 종식시키셨다"(Peter Stuhlmacher, *Der Brief an die Römer* 76).

사람들은 흔히 화해를 속죄와 결부시키곤 하지요. 우선 죗값을 치르고 합당한 벌을 받은 뒤라야 화해할 수 있다는 겁니다. 그러나 바오로에게 화해는 전혀 다른 뜻입니다. 구원의 표상이지요. 죄로 허물어진 우리와의 친교를 하느님 친히 다시 일으켜 세우십니다. 암흑과 폐쇄성 속에 사는 인간들과 친교를 맺으시려고, 당신 아드님을 통해 죄악의 세력권에 들기를 마다하지 않으셨습니다. 십자가는 이를테면 하느님께서 예수 그리스도를 통해 인간의 닫힌 마음을 여시는 열쇠입니다. 그 열쇠는 인간이 하느님의 사랑을 자기 안에 들여 하느님께 가까이 다가갈 수 있게 해 줍니다. 여기서는 자기를 경멸하거나 단죄할 이유가 없습니다. 무엇을 속죄하고 말고 할 것도 없습니다. 사실 인간은 스스로 하느님께 나아갈 수가 없었습니다. 죄로 말미암아 자기 자신으로부터 소외되었기 때문입니다. 자신에게 절망했고, 하느님께 나아갈 용기가 없었습니다. 그래서 우리가 아직 죄인이었을 때도 하느님께서는 당신 아드님을 통해 우리에게 오셨고, 당신께 향하는 우리의 길을 편히 열어 주셨습니다. 그러므로 화해는 우리 영혼 안에서 일어나는 사건입니다. 자신에게 죄를 지우는 것은 곧 나를 내 깊은 본질과 분열시키는 것입니다. 내가 나 자신을 거부하는 것이지요. 그러나 이 자기 단죄는 회개를 불러일으킬 수 없습니다. 오히려 절망에 이르게 할 뿐입니다. 예수 그리스도 안에서 화해하면 자기 단죄에서 해방됩니다. 하느님과의 친교를 받아들이고 그것을 기뻐할 힘이 생깁니다. 우리는 그리스도 안에서 새 옷으로 갈아입었기에, 참회의 베옷을 벗어 버릴 수 있습니다. 나는 평생 참회복 차림으로 돌아다니는 사람들을 알고 있습니다. 그들은 자신이 이런저런 잘못을 범하는 것을 도무지 용서하지 못합니다. 화해는 우리에게, 하느님과의 친교를 새롭게 기뻐하고 그 친교 안에서 우리를 일으켜 세우며 바르고 의롭게 살 수 있는 기회를 선사합니다.

바오로는 늘 찬미와 감사의 언어로써 화해를 이야기합니다. "우리는 우리 주 예수 그리스도를 통하여 하느님을 자랑합니다. 이 그리스도를 통하여 이제 화해가 이루어진 것입니다"(로마 5,11). "하느님께서는 그리스도 안에서 세상을 당신과 화해하게 하시면서, 사람들에게 그들의 잘못을 따지지 않으시고 우리에게 화해의 말씀을 맡기셨습니다"(2코린 5,19). 여기서 바오로가 사용한 그리스어 '카탈라게'*katallage*(화해)는 본디 "'교환·변경·달리 만듦'을 의미하는데, 불행한 상태를 더 나은 상태로 변화시키고, 적대 관계를 친구 관계로 전환하고, 전쟁을 평화로 대체한다는 등의 의미가 여기서 파생되었다"(Klauck, *Konflikt* 68)고 합니다. 하느님께서는 예수님의 십자가 죽음을 통해 우리의 상황을 바꾸셨습니다. 하느님의 적대자였던 우리가 하느님 편이 되었습니다. 자기와 맞서고, 올바른 인식과 맞서고, 우리 양심에 현존하시는 하느님과 맞서는 전쟁이 평화로 변했습니다. 이것이 바오로가 코린토 신자들에게 선포하는 기쁜 소식입니다. 여기서 화해라는 주제에 하나의 새로운 사상이 더해집니다. 예수님의 죽음을 통한 화해는 하나의 과거사입니다만, "화해가 필요한 인간들에게 실제로 화해가 성취되려면, 복음 선포를 통해 그 과거사가 현재화되어야 합니다. 그러한 한, 화해를 이루는 데는 설교도 한몫을 합니다"(같은 책 70). 십자가에서 이루어진 일은 거듭 선포되어야 하고, 또 선포를 통해 해석될 때만 실제적 효험을 발휘합니다. 바오로는 코린토 신자들에게 말합니다. "우리는 그리스도를 대신하여 여러분에게 빕니다. 하느님과 화해하십시오"(2코린 5,20). 코린토 신자들은 그리스도를 통해 이미 화해를 체험했습니다. 하지만 화해는 그들 안팎에서 늘 새로이 이루어져야 하고, 나아가 화해 당사자 쌍방의 실천적 행동을 통해 지속되어야 합니다. 십자가가 화해를 거저 가져다주지는 않습니다. 기꺼이 화해를 실현하겠다는 우리의 각오가 필요합니다. 하느님의 화해하시는 사랑이 복음 선포를 통해 우리 마음에 흘러들게 해야 합니다. 자신을 벌하고 단죄하는 우리의 성향은 그제서야 힘을 잃습니다.

바오로가 사용하는 또 다른 구원 표상은 속량贖良입니다. "그리스도께서는 우리를 위하여 스스로 저주받은 몸이 되시어, 우리를 율법의 저주에서 속량해 주셨습니다"(갈라 3,13). 하느님이 예수님을 파견하신 목적은 그분이 "율법 아래 있는 이들을 속량하시어, 우리가 하느님의 자녀 되는 자격을 얻게 하시려는 것"(갈라 4,5)이었다고 합니다. 코린토 전서에서도 그리스도께서 우리를 위해 치르신 속전贖錢에 관해 두 번에 걸쳐 이야기합니다. "하느님께서 값을 치르고 여러분을 속량해 주셨습니다. 그러니 여러분의 몸으로 하느님을 영광스럽게 하십시오"(1코린 6,20). 코린토 전서 7장 23절도 비슷한 내용으로 마무리됩니다. "하느님께서 값을 치르고 여러분을 속량해 주셨습니다. 사람의 종이 되지 마십시오." 속량은 몸값을 치르고 종을 풀어 주는 것과 관련된 표상입니다. 어디까지나 하나의 상징이므로 글자 그대로 새겨서는 안 되겠지요. 바오로는 상업 도시 코린토에서 신자들이 일상적으로 늘 겪는 일을 염두에 두었습니다. 종을 사고 파는 구체적 매매 행위입니다. 클라우크는 이렇게 번역합니다. "여러분은 시장에서 현금을 치르고 하느님의 소유물로 구매되었습니다"(Klauck, *1. Korintherbrief* 49). 의미는 분명합니다. 예수님이 십자가에서 우리를 위해 치르신 몸값 덕분에 우리는 마침내 종 주인(세상의 권세)에게서 풀려났습니다. 우리의 초자아에게 종살이하던 시절도 갔습니다. 이제는 어떤 주인도, 심지어 우리 자신도 우리를 소유할 수 없습니다. 우리는 하느님의 것입니다. 하느님의 것이면, 우리는 어떤 인간에게도 예속되어 있지 않습니다. 자유롭습니다.

이처럼 속량 표상은 자유와 긴밀히 결부되어 있습니다. 하느님께서는 예수 그리스도를 통해 우리를 죄의 권세에서 자유롭게 하셨습니다. 하느님께서 예수 그리스도를 통해 우리에게 선사하신 영이 이 자유를 보증합니다. 따라서 우리 구원의 본질은 "하느님의 자녀들의 자유와 영광"입니다(로마 8,21). 우리가 자유로워짐으로써 피조계도 "멸망의 종살이에서 해방"(로마 8,21)되어야 합니다. 우리의 자유는 세상에 영향을 끼쳐야 합니다. 우리 사는 세상을 더는 종처럼 착취하지 말고 하느님의 아름다운 피조물로 소중히 아낄 때, 피조계도 우리의 자유에 동참하게 됩니다.

갈라티아서에서 바오로는 이 자유를 외적 규범과 법규에 종살이하는 것과 맞세웁니다. "그리스도께서는 우리를 자유롭게 하시려고 해방시켜 주셨습니다. 그러니 굳건히 서서 다시는 종살이의 멍에를 메지 마십시오"(갈라 5,1). 당시 사람들은 분명 이 자유에 매료되었을 것입니다. 로마제국은 견고한 외적 질서를 확립했지만 강압과 폭력에서 자유롭지 못했습니다. 그래서 죄의 종살이라는 관점에서뿐 아니라 권력구조라는 관점에서도, 해방의 메시지는 로마의 압제에 시달리던 사람들의 관심을 끌었습니다. 물론 바오로는 자유를 방종으로 가르치지 않습니다. 그가 말한 것은 내적 자유입니다. 이 자유는 그리스도인들이 서로 사랑하고 육이 아니라 영을 따라 행동하는 데서 드러납니다. 코린토 신자들에게 보낸 서간에서 바오로는 이렇게 말합니다. "주님은 영이십니다. 그리고 주님의 영이 계신 곳에는 자유가 있습니다"(2코린 3,17). 이 자유는 외적 규범으로부터의 자유, 죄의식으로부터의 내적 자유, 주변의 기대로부터의 자유, 죄로부터의 자유 등을 다 포함합니다. 예수 그리스도 체험은 자유의 분위기를 자아냅니다. 오늘날 많은 그리스도인이 예수 그리스도에 대한 믿음을 그런 식으로 체험하지 못하는 듯하여 안타깝습니다. 특히 그리스도에 관한 소식을 도덕주의화하고 바오로의 메시지를 독선적으로 선포하는 곳에서는, 자유가 아니라 새로운 종살이만 있을 것입니다. 양심의 가책과 두려움에 종살이하게 될 것입니다. 자기 나름대로 생각하고, 자기 체험을 통해 성경을 읽으며, 자기가 이해하는 대로 성경을 해석하는 데 대한 두려움입니다. 주님의 영은 성경 말씀이 우리를 광대무변함으로, 자유로, 사랑으로, 생동력으로 이끌어 가는 곳에만 존재합니다. 편협함이 생겨나는 곳에서는 예수님이 아니라 우리 자신의 경건한 초자아가 말을 합니다. 그것은 예수님의 말씀과 사도의 언설로 그럴듯하게 치장하지만, 사실 예수님과 바오로 서간의 정신을 전혀 이해하지 못합니다.

7

신비 체험

동방교회는 바오로를 무엇보다 신비가로 칩니다. 우리는 신비를 동경합니다. 최초의 그리스도교 저자, 바오로에게서 그의 신비 체험과 통찰을 찾아보는 것은 과연 좋은 일입니다. 그런데 내게 신비적 의미를 지닌 구절들의 해석을 여느 바오로 서간 주석서들에서 찾아 읽다 보면, 그만 흥취가 사라지곤 합니다. 거기엔 이런저런 언어적 이유가 있습니다. 무미건조한 신학적 성찰들은 제 마음을 움직이지 못합니다. 바오로의 말씀 뒤에 숨어 있는 체험에 관해서는 아예 입도 뻥긋 않지요. 그런 까닭에 나는 여기서 몇 대목을 다루고자 하는 바, 이 대목들은 하느님과 예수 그리스도 그리고 성령에 관한 신비 체험의 바탕 위에서만 이해할 수 있습니다.

어떤 강연에서 나는, 우리 내면에 하느님이 머무르시는 한 우리는 온전하고 건강하다고 말했습니다. 그러자 청중 가운데 누군가가, 내 말이 성경과 부합하지 않는다고 주장하더군요. 바오로는 성경에서 인간은 바탕부터가 나쁘다고 말했다는 것입니다. 그는 자기 내면의 악한 요소만 체험했다는 것이지요. 이런 비관적 관점이 바오로 해석가들의 대체적 특징입니다. 하지만 이 관점은 바오로의 체험과는 전혀 관계가 없습니다. 바오로는 자기 안에 사시는 그리스도를 제 안에서 찾아 얻었습니다. 그리고 성령을 자신의 내밀한 바탕으로 체험했습니다. 그는 제 안을 들여다보고 이 바탕과 맞닥뜨렸습니다. 물론 우리는 우리 안의 악도 알고 있습니다. 바오로를 자기네 주장의 근거로 부당하게 끌어대는 그리스도인이 많지만, 신비가 바오로는 인간 경멸적 자화상으로부터 우리를 해방시켜 주고 싶어 합니다.

많은 사람이 로마서를 추상적 신학 저술로 읽지만, 내게 이 서간은 하느님과 예수 그리스도에 관한 신비 체험을 시사해 주는 말씀으로 충만합니다. 로마서의 신비적 언설은 무엇보다 영에 관한 신비적 언설입니다. 성령은 우리 안에 부어져 있으며, 성령을 통해 우리는 하느님 안에 받아들여져 있습니다. 그리고 이 성령은 무엇보다 사랑입니다. "우리가 받은 성령을 통하여 하느님의 사랑이 우리 마음에 부어졌습니다"(로마 5,5). 심원한 체험을 하지 않고야 어떻게 이런 문장을 쓸 수 있겠습니까? 바오로는 자기 안을 들여다볼 때,

로마서 7장에 서술된 내적 분열만 보지 않습니다. 오히려 자기 영혼의 내밀한 바탕인 사랑을 발견합니다. 이 사랑은 개인의 덕성이 아니라, 성령을 통해 그의 마음에 쏟아 부어진 것입니다. 그래서 자신을 새삼 맛나게 체험할 수 있었던 것입니다. 이러한 자기 체험의 특징은 가혹한 자아비판이 아니라 내 안의 사랑에 대한 감사입니다. 이 사랑은 감정보다 강하며, 이 사랑으로 하느님 친히 내게 다가오시고 이 사랑이 나를 하느님 안으로 이끌어 들이니 감사합니다. 바오로에게 사랑은 도덕적 요구가 아니라 하느님에 대한 체험입니다. 그 사랑은 애써 얻을 필요 없이 그냥 자신 안에 하나의 샘처럼 존재합니다. 그 사랑을 느끼는 사람은 하느님과 성령을 체험합니다. 성령은 그 사람 안에 그리스도 친히 현존하시도록 도와줍니다. 과연 성령을 통해 우리가 예수 그리스도 안에 있고, 그리스도께서 우리 안에 계십니다.

바오로는 영의 체험을 로마서 8장에서도 개진합니다. 여기서 그는 우리 안에 계시는 하느님의 영에 관해 말합니다. 그리고 영을 육과 맞세우며, 이 세상을 따라 사는 삶과 맞세웁니다. 여기서 육은 영혼과 대립하는 육신이 아니라, 특정한 존재 양식을 의미합니다. 바오로는 이 세상을 향해 있고 업적와 권력에 의해 규정되는 존재 양식을, 영을 따르는 존재 양식과 대비시킵니다. "육 안에 있는 자들은 하느님 마음에 들 수 없습니다. 그러나 하느님의 영이 여러분 안에 사시기만 하면, 여러분은 육 안에 있지 않고 성령 안에 있게 됩니다"(로마 8,8-9). 하느님의 영이 우리 안에 사시면, 우리는 더 이상 육의 욕구와 갈망에 의해 규정되지 않고 하느님의 영으로 새겨집니다. 이것은 새로운 태도와 새로운 자기 체험으로 귀결됩니다. 영은 예수님 자신의 영입니다. "누구든지 그리스도의 영을 모시고 있지 않으면, 그는 그리스도께 속한 사람이 아닙니다. 그러나 그리스도께서 여러분 안에 계시면, 몸은 비록 죄 때문에 죽은 것이 되지만, 의로움 때문에 성령께서 여러분의 생명이 되어 주십니다"(로마 8,9-10). 영 안에서 그리스도 자신이 우리 안에 사십니다. 그분이 우리의 가장 내밀한 실재가 되셨습니다. 이 사실이 우리를 온통 변화시키고 우리가 새로운 태도를 지닐 수 있게 해 줍니다. 예수님 안에서 이루어졌던 일이 영 안에서 우리에게 이루어집니다. 그분의 몸이 십자가에서 죽었듯이, 우리 몸도 그리스도 안에서 죄에 대해 죽습니다. 우리 안에 있는 예수님의 영은 죄보다 강력하십니다. 영은 우리 안에서 생명으로, 활력으로, 새로운 삶의 질로 표출됩니다. 이처럼 바오로는 인간을 매우 낙관적으로 생각하고 있습니다.

하느님의 영은 우리 안에서 또 다른 일도 일으키십니다. 영은 참된 기도를 드릴 수 있게 해 주십니다. 우리 안에서 기도하는 분은 바로 영 자신입니다. "이와 같이, 성령께서도 나약한 우리를 도와주십니다. 우리는 올바른 방식으로 기도할 줄 모르지만, 성령께서 몸소 말로 다할 수 없이 탄식하시며 우리를 대신하여 간구해 주십니다"(로마 8,26). 바오로는 영을 우리 안에 있는 어떤 활동적 존재로 이해합니다. 영은 "하느님의 차원 속으로 돌진합니다"(Kuss, *Römerbrief* 642). 영은 기도하는 사람을 '탈아'脫我(Außersichsein)의 경지로 인도합니다. 신비가들이 오랜 옛날부터 체험해 온 경지입니다. 영은 우리 안에서 무언의, 아니 말로 표현할 수 없는 탄식으로 말씀합니다. 이 또한 신비적 언어입니다. 영은 우리를 영혼의 한 영역으로 이끌어 가는 바, 말과 관념 저편의 이 깊은 영역에서 우리는 하느님과 하나 됩니다. 무언의 탄식은 이 내적 합일의 표현입니다. 바오로에게 영은 언제나 그리스도 자신입니다. 그리스도 친히 우리 안에서 기도하십니다. 그리스도께서 우리의 내밀한 실재가 되셨습니다. 우리는 혼자 스스로 기도하는 것이 아닙니다. 그리스도께서 하셨던 기도와 똑같이, 우리도 "아빠, 사랑하는 아버지"라고 기도할 수 있습니다.

바오로는 코린토 전·후서에서 자신의 신비 체험에 관해 이야기합니다. 이는 우연이 아닙니다. 코린토 신자들이 환시와 진기한 신비 체험들을 매우 중시했기 때문입니다. 당시 코린토에는 영지주의적·비교祕教적 경향이 만연하고 있었습니다. 바오로는 인식·깨달음·환시·환청에 대한 코린토 신자들의 갈망을 되잡습니다. 그러나 자신의 신비 체험에 관해 그들보다 훨씬 침착하고 세세하게 말합니다. 코린토 전서에서 바오로는 '완전한 이들 가운데 있는 지혜'를 언급합니다(1코린 2,6 참조). 여기서 바오로는 영감으로 충만하여 비교*秘敎*언어를 구사합니다(Conzelmann 74 참조). 그리스철학자들도 완전한 현자에 관해 말합니다. 필론은 이 관점을 넘겨받아, 사람은 탈아를 통해 완전함에 이른다고 생각합니다(같은 책 78 참조). 바오로는 코린토 신자들에게 하느님의 감추어진 지혜를 선포합니다. 이 지혜는 고도의 인식(영지)에 이르고 영혼의 심연에 가 닿습니다. 바오로는 이렇게 선포합니다. "어떠한 눈도 본 적이 없고 어떠한 귀도 들은 적이 없으며 사람의 마음에도 떠오른 적이 없는 것들을 하느님께서는 당신을 사랑하는 이들을 위하여 마련해 두셨습니다"(1코린 2,9). 바오로는 여기서 성경이 아니라 한 묵시문학 텍스트를 인용하고 있습니다. 지금껏 아무도 보고 들은 적 없는 것들에 관해 말한다는 것 자체가 신비적 언어를 구사하는 것입니다. 이 지혜는 우리 힘으로는 볼 수 없고 들을 수 없는 영역으로 이끌고, 말로 표현할 수 없고 불가시적인 하느님에 대한 깊은 체험으로 이끕니다. 바오로는 완전한 사람들 가운데 있는 지혜를 선포함으로써, 영지에 대한 동시대인들의 갈망에 응답할 뿐만 아니라, 비교*秘敎*에서 애써 지혜를 찾고 있는 많은 현대인의 갈망에도 응답합니다.

코린토 후서에는 바오로 사도의 신비 체험을 시사해 주는 구절이 특히 많습니다. 그중 유명한 구절은 이것입니다. "우리는 모두 너울을 벗은 얼굴로 주님의 영광을 바라보는 가운데, 더욱더 영광스럽게 그분과 같은 모습으로 바뀌어 갑니다. 이는 영이신 주님께서 이루시는 일입니다"(2코린 3,18).

여기서 바오로는 비교제의에서의 체험을 암시하고 있는 듯합니다. 비교제의에서는 변용變容이 마술적 방식으로 일어납니다. "마법의 거울을 들여다보거나 어떤 신상神像을 응시하는 동안, 그 사람은 점점 더 그 신에 동화되어 간다"(Klauck, *Konflikt* 41). 우리는 흐릿한 마법의 거울을 들여다보는 게 아니라, 하느님의 모상이신 예수 그리스도의 얼굴을 바라봅니다. 이 부활하신 분에게서 하느님 영광의 광채가 빛납니다. 우리는 그리스도를 바라봄으로써 점점 더 그분과 같은 모습으로 변화되어 갑니다. 하느님의 광채가 우리 안에서도 빛납니다. 이 신비 체험을 바오로는 창조와 관련지어 개진합니다. 이 변용은 결국 하느님께서 창조의 본원적 아름다움이 우리 안에 환히 빛나게 하심을 의미합니다. "'어둠 속에서 빛이 비추어라' 하고 이르신 하느님께서 우리 마음을 비추시어, 예수 그리스도의 얼굴에 나타난 하느님의 영광을 알아보는 빛을 주셨습니다"(2코린 4,6).

이 '조명'照明이 신비적 여정의 목표입니다. 하느님 친히 당신의 빛이 우리 안에서 빛나게 해 주셨습니다. 이것이 우리를 '조명'으로 이끕니다. '조명'은 우리가 피조물을 하느님께서 원래 뜻하셨던 대로 본다는 뜻입니다. 모든 탁하고 흐린 것들을 꿰뚫고 사람들 안에 있는 변질되지 않은 것을 직관함을 의미합니다. 신비주의는 어디까지나 낙관적인 영성인 바, 우리로 하여금 각자의 마음 안에서도 하느님의 빛을 알아보게 해 줍니다.

12장에서 바오로는 자신이 받은 환시와 계시들에 관해 말합니다. 코린토에서는 신비적 환시와 탈아 체험들을 자랑하는 것이 일종의 유행이었음이 분명합니다. 그래서 바오로도 마지못해 그렇게 했나 봅니다. 아무튼 이로써 바오로의 내밀한 체험들을 짐작할 수 있게 되었습니다.

> 이로울 것이 없지만 나는 자랑하지 않을 수 없습니다. 그리고 아예 주님께서 보여 주신 환시와 계시까지 말하렵니다. 나는 그리스도를 믿는 어떤 사람을 알고 있는데, 그 사람은 열네 해 전에 셋째 하늘까지 들어 올려진 일이 있습니다. 나로서는 몸째 그리되었는지 알 길이 없고 몸을 떠나 그리되었는지 알 길이 없지만, 하느님께서는 아십니다. 나는 그 사람을 알고 있습니다. 나로서는 몸째 그리되었는지 몸을 떠나 그리되었는지 알 길이 없지만, 하느님께서는 아십니다. 낙원까지 들어 올려진 그는 발설할 수 없는 말씀을 들었는데, 그 말씀은 어떠한 인간도 누설해서는 안 되는 것이었습니다(2코린 12,1-4).

'열네 해 전'이라는 시간 규정을 진지하게 받아들인다면, 이 환시 체험은 루카가 사도행전에서 이야기하는 소명 환시와는 전혀 관계가 없습니다. 오히려 바오로는 소명을 받고 난 뒤 물러나 있을 때 이 체험을 했음이 분명합니다. 그는 셋째 하늘을 최상층의 하늘이자 하느님과 아주 가까운 곳으로 여겼던 것 같습니다. 낙원이 셋째 하늘에 있다고 한 것이, 바오로가 여기서 말하는 유일한 환시입니다. 낙원은 의인들이 저 세상에서 머무르는 장소입니다. 거기서 바오로는 발설할 수 없는 말을 들었습니다. 이것은 "비밀 엄수 의무가 철저히 준행되던 고대 비교의 전문적 표현"(Klauck, *2. Korintherbrief* 92)입니다. 이 천상 여행에서 바오로가 하느님과 인간의 비밀 속으로 깊이 이끌려 간 체험을 했음은 분명하나, 이에 관해 자세히 이야기하려 들지는 않습니다. 그만의 내밀한 비밀이니까요. 아무튼 이 심원한 체험이 바오로의 온 인격에 깊이 각인되었음은 확실합니다. 이 체험은 바오로로 하여금 세상을 다른 눈으로 보게 해 줍니다. 바오로는 자신의 천상 여행을 당시 유다교의 묵시문학과 그리스·로마 문학의 표현 방식들을 사용하여 서술합니다.

> 환시자는 천상으로 옮겨진다. 들어 올려진 상태에서 그는 천상의 여러 영역을 두루 다니며 감추어져 있던 온갖 비밀스런 것을 보고 듣는다. 이 땅으로 돌아온 그는 그것들을 정선된 제자 동아리에게 전해 준다. 풀리지 않은 문제가 하나 남아 있으니, 그 환시자가 육신을 포함한 온 인격으로 천상 여행을 했는가(유다교에서는 대체로 이렇게 생각한다), 아니면 육신은 지상에 남겨지고 영혼만이 천상 높은 곳으로 비상飛翔했는가(그리스인들과 로마인들은 이렇게 생각한다) 하는 것이다(Klauck, *Konflikt* 146).

바오로는 이 문제를 미결로 남겨 둡니다. 그리고 지상의 누구에게도 자신이 들은 것을 발설하지 않습니다. 이것은 그의 사적인 비밀입니다.

이 이야기는 바오로가 당시의 언어로 자신에 관해 말하는 하나의 표현 방식에 지나지 않는 것일까요? 그런 체험을 자랑하던 적수들과 맞서겠다는 의도만 있었을까요? 아니면 그의 체험이 우리에게 무엇인가 중요한 것을 말해 주는지요? 바오로가 하느님·천상·낙원에 관해 깊은 내적 체험을 했다는 사실이 내 마음을 사로잡습니다. 사도는 이 체험을 통해 하느님의 비밀, 그리고 세상의 비밀에 무젖었습니다. 그에게 하느님의 세계가 내적 확실성을 띠게 되었습니다. 이 체험에 비추어 보면 필리피서의 다음 말씀이 조금 색다른 의미로 다가옵니다.

> 그러나 우리는 하늘의 시민입니다. 그리고 그곳에서 구세주로 오실 주 예수 그리스도를 고대합니다. 그리스도께서는 만물을 당신께 복종시키실 수도 있는 그 권능으로, 우리의 비천한 몸을 당신의 영광스러운 몸과 같은 모습으로 변화시켜 주실 것입니다(필리 3,20-21).

바오로는 천상 여행을 통해 하느님의 세계가 자신의 본향이라는 것을 생생히 몸 겪었음이 분명합니다. 그의 궁극적 고향은 이 세상이 아니라 천상입니다. 이 세상의 삶이란 낯선 곳을 떠도는 데 지나지 않는 듯했습니다. 그래서 코린토 신자들에게 말합니다. "그러므로 우리가 이 몸 안에 사는 동안에는 주님에게서 떠나 살고 있음을 알면서도, 우리는 언제나 확신에 차 있습니다. 보이는 것이 아니라 믿음으로 살아가기 때문입니다"(2코린 5,6-7). 바오로는 안팎의 수많은 위험과 환난을 무릅쓰고 확신에 차서 자기 길을 갈 수 있습니다. 그 길의 목적지를 이미 보았습니다. 이로써 그는 죽음의 두려움에서 해방되었습니다. 무슨 일이 닥쳐도 기꺼이 받아들일 수 있습니다. 확신에 차서 자기 길을 갑니다. 천상 여행 체험으로 바오로는 정말이지 "이 몸을 떠나 주님 곁에 사는 것이 낫다"고 생각합니다(2코린 5,8). 천상 체험이 그로 하여금 현세를 새롭게 보도록 이끌었습니다. 성공과 인정, 소유와 안녕에 대한 모든 집착에서 자유롭게 풀어 주었습니다. 확신에 차서 자기 길을 갈 수 있는 것은 이 자유 덕분입니다. 바오로의 깊은 신비 체험을 묵상하지 않고는 그의 비밀을 이해할 수 없습니다. 그러나 그는 이 체험을 코린토 신자들에게 그저 암시만 할 뿐, 이를 자랑하거나 자신이 그들보다 낫다는 증거로 내세우지 않습니다.

바오로의 이 체험을 요즈음 종종 회자되는 임사臨死 체험에 견줄 수도 있을 것입니다. 그러나 바오로의 체험이 임사 체험과 같은 부류에 지나지 않는다면 아무 의미가 없겠지요. 그것은 깊은 신비 체험이었고, 바오로에게 이 세상을 다른 빛으로 볼 수 있게 해 주었습니다. 천상에 대한 직관은 이 세상에서 도피하는 것이 아니라 이 세상과 새롭게 관계 맺는 것입니다. 나는 나의 내밀한 근원을 이 세상을 초월하는 세계에 두고 있습니다. 이 사실이 나를 해방하여, 내가 이 세상에 의해 규정되지 않고 오히려 이 세상을 꼴 짓도록 해 줍니다. 신비 체험은 늘 자유로 귀결됩니다. 이 세상 어떤 것도 더는 나를 규정짓지 못합니다. 나는 자유로우며, 모든 것을 하느님의 관점에서 보고 판단합니다.

바오로 서간의 많은 구절을 십자가 신학의 관점에서 해석하는 것은 당연합니다. 그러나 그 구절들은 자신의 신비 체험을 표현한 것으로 이해될 수도 있습니다. 이것은 갈라티아서의 저 유명한 말씀에도 해당합니다.

> 나는 그리스도와 함께 십자가에 못 박혔습니다. 이제는 내가 사는 것이 아니라 그리스도께서 내 안에 사시는 것입니다. 내가 지금 육신 안에서 사는 것은, 나를 사랑하시고 나를 위하여 당신 자신을 바치신 하느님의 아드님에 대한 믿음으로 사는 것입니다(갈라 2,19-20).

바오로는 여러 구절에서 우리가 그리스도 안에 있다고 말합니다(로마 6,11; 8,1; 갈라 3,26.28; 1코린 1,30 등). '그리스도 안에'와 '주님 안에'라는 정식적 표현들은 바오로 서간에 모두 여든 번 나옵니다(Gnilka, *Paulus* 255/377 참조). 여기에 '그분 안에'와, '그리스도-소유격'["그리스도의 사랑이 우리를 다그칩니다"(2코린

5,14)] 표현이 나오는 구절들도 추가해야 할 것입니다. 주석가들은 이 정식적 표현들을 다양하게 해석해 왔습니다. 나로서는 신비적 해석이 타당하다고 생각합니다. 그러나 신비가 특별한 환시 체험을 의미하는 건 아닙니다. 더 정확히 말하면 신비는 하느님 체험을 의미합니다. '그리스도 안에' 있음이 의미하는 바는 다음과 같습니다.

> 바오로는 그리스도 안에, 살아 계시고 현존하시고 영이신 그리스도 안에 살아간다. 그리스도께서 바오로를 두루 지배하고 가득 채우고, 그와 함께 이야기하고 그 안에서 그리고 그로부터 말씀하신다(Gnilka, *Paulus* 256/378).

우리의 그리스도인 실존은 단순히 예수님을 추종하는 것만이 아닙니다. 오히려 우리가 그리스도 안에 받아들여졌습니다. 이제 그분 없이는 우리 실존을 이해할 수 없습니다. 나는 그리스도의 관점에서 나를 규정합니다. 나는 그분 안에, 나보다 더 큰 실재 안에 존재하고 있습니다. 하지만 나만 그리스도 안에 있는 것이 아닙니다. 여기서 바오로는 오히려 그리스도께서 자기 안에 사신다고 말합니다. 슐리어는 이 구절을 이렇게 해석합니다.

> 세례 받는 이의 실존은 더 이상 그의 에고, 즉 지금까지의 '자연인'이 아니라 그 안에 새로이 창조된 생명, 그리스도

께 근원을 두고 있다. … 우리가 그리스도의 존재 안으로 옮겨짐으로써, 그리스도께서 우리 존재 안으로 들어오셨다 (Schlier, *Galaterbrief* 101-102).

슐리어는 이 정식적 표현들이 세례를 겨냥하고 있다고 생각합니다. 여기서 신비에 관해 말할 수는 없다는 것이지요. 내가 보기에 이것은 성사聖事적 편협화입니다. 확실하거니와, 초기 그리스도인들에게 세례는 전적으로 신비 체험이기도 했습니다. 이것은 그리스도 안으로 침잠하는 내적 변화의 체험입니다. 이 체험이 인간의 내밀한 본질을 헤집고 움켜줍니다. 누군가 "이제는 내가 사는 것이 아니라 그리스도께서 내 안에 사시는 것입니다"라고 말할 수 있다면, 이는 단순히 신학적 언명이 아니라 내적 체험의 표현입니다. 지금 이 말이 그 사람에게서 나온 것이 아니라는 것을 문득 감지할 때, 비로소 우리는 그의 체험을 어렴풋이 따라 느낄 수 있을 것입니다. 그 사람 아닌 어떤 다른 존재가 그를 관통한 것입니다. 다른 예를 들어 보지요. 중병에 걸렸음에도 내면이 아주 평온하다면, 그때 우리는 그리스도께서 내 안에 사신다는 말이 무슨 뜻인지를 어렴풋이 느낄 수 있습니다. 나의 에고는 질병의 고통과 불치의 우려와 죽음의 두려움에 가득 차 있습니다. 그런데도 내 안에는 무엇인가 다른 것이 존재합니다. 필경 내 안에 계시는 그리스도입니다. 그분이 두려움에 휩싸인 나에게 이 세상에서 비롯하지 않는, 금욕

수덕이나 믿음의 결과로도 주어지지 않는 내면의 평화를 선사하십니다. 또 다른 예가 있습니다. 우리가 모욕이나 비방을 당할 때도 내적 평온함으로 대응한다면, 그 순간 그리스도께서 내 안에 살고 계심을 느낄 수 있습니다. 그리스도는 나의 내적 실재가 되셨습니다. 그분은 내 존재의 그윽한 본질입니다. 그리고 내가 이 내밀한 본질에 터해 살아간다면, 나의 삶은 다른 특성과 차원을 얻게 됩니다.

바오로 사도의 이 체험은 우리도 용기를 내어 자신 안에서 그리스도를 찾아 만나라고 격려합니다. 나는 고요히 앉아서 나 자신에게 귀 기울입니다. 내가 만나는 것은 무엇인가요? 단지 내 삶의 역사, 나의 바람과 욕구, 상처와 갈망뿐인가요? 그저 나의 에고와 맞닥뜨릴 따름인가요? 나는 나의 생각과 느낌, 나의 에고 근저에 나를 넘어서는 어떤 것이 존재한다고 확신합니다. 그것이 내 안에 계시는 그리스도입니다. 그분이 나의 내밀한 본질이지요. 그분을 통해 나는 훼손되지 않은 나의 참본성, 하느님께서 애초에 창조하신 대로의 속사람과 만나게 됩니다. 신비는 결코 새로운 하느님 체험으로만 끝나지 않고 늘 새로운 자기 체험으로 귀결됩니다. 신비는 하느님께 눈뜨는 것이자 동시에 나 자신과 나의 참존재에 눈뜨는 것입니다.

물론 바오로는 신비 체험들을 자랑하고 자신을 남보다 낫다고 여길 위험성을 잘 알고 있었습니다. 이 위험성에 굴복한 것은 코린토 교회의 여러 스승들만이 아닙니다. 오늘날에도 늘 현실적으로 상존하는 위험입니다. 자신의 체험들을 자랑하는 자칭 신비가들은 항상 존재해 왔습니다. 바오로는 사람들이 신비라 칭할 만한 깊은 내적 체험을 했지만 그것들을 뽐내지 않습니다. 이 내적 변화가 사람들과의 관계에서, 자신의 선포에서, 그리고 외부의 비방에 대한 대응에서 뚜렷이 드러나는 일만 그에게 중요했습니다. 자신의 신비 체험을 남들 앞에서 뽐내는 것은, 하느님을 자기와 동급으로 끌어내리려는 처사입니다. 그리스도를 제 것으로 횡령하려는 시도지요. 그러나 바오로에게 결정적으로 중요한 것은, 그리스도께서 자신을 온전히 사로잡으시는 것, 그분께 사로잡히도록 자기를 고스란히 내드리는 것입니다. 어떤 사람이 그리스도께 온전히 사로잡혔는지 아닌지는, 다른 사람들에 대한 그의 구체적인 행동에서, 위해와 곤경과 반대와 비판에 대응하는 방식에서, 그리고 남들에게 끼치는 영향에서 드러납니다. 그에게서 나오는 것이 예수님의 영인지 아니면 자랑과 자만의 영인지, 거기서 뚜렷이 드러납니다.

세례에 관한 갈라티아서의 다음 구절도 나는 신비와 관련된 텍스트로 읽습니다.

> 그리스도와 하나 되는 세례를 받은 여러분은 다 그리스도를 (옷으로) 입었습니다. 그래서 유다인도 그리스인도 없고, 종도 자유인도 없으며, 남자도 여자도 없습니다. 여러분은 모두 그리스도 예수님 안에서 '하나'입니다(갈라 3,27-28).

슐리어는 이 구절에 관해 이렇게 말합니다. '옷 입음'이라는 표상은 "모든 사람을 위해 마련된 천상 옷인 그리스도 표상을 전제하고 있거니와, 이 옷을 '입음'은 새로운 '개벽'開闢으로의 진입과 새로운 '개벽'에 의한 포섭을 의미한다"(Schlier, *Galaterbrief* 173).

세례를 통해 그리스도께서 내 안에 태어나십니다. 나는 새로운 자아를 얻으니, 바로 '내 안에 계시는 그리스도'입니다. 이것은 그저 외적인 무엇이 아니라, 내적 현실입니다. 그리고 이 현실은 체험과 상응합니다. 바오로는 어디까지나 스스로 예수 그리스도를 생생히 체험했기 때문에 이렇게 말할 수 있는 것이지요. 내면의 그리스도께서 바오로를 유다인이나 그리스인, 종이나 자유인, 남자나 여자 등 인간 실존의 모든 외적 규정으로부터 해방하셨습니다. 이 체험을 기반으로 바오로는 갈라티아 신자들에게도 그들 내면의 새로운 존재를 확언해 주며, 그들이 필경 세례 때 했을 이 체험을 그들이 함께하는 삶 안으로 옮겨 놓기를 바랍니다. 그들은 세례를 통해 그리스도 안으로 이끌려 들어갔습니다. 이제는 그리스도께서 그들 안에 계십니다. 동일한 그리스도께서 그들 각자 안에 계십니다. 그러므로 그들은 말하자면 모두 '하나'가 되었습니다. 요컨대 하나의 그리스도가 되었습니다. 각자가 동일한 불가침의 존엄성을 지니고 있습니다. 각 사람 안에 그리스도가 참자아로 계십니다. 이 사실이 모든 사회적 차별을 폐기합니다. 세례의 체험은 새로운 자아 체험으로만 끝나서는 안 되며, 함께하는 삶의 변화된 체험으로 귀결되어야 합니다. 인간의 내밀한 본질을 이루는 것은 그리스도이고 모두가 하나라는 사실이 함께하는 삶 안에서 뚜렷이 드러나야 합니다.

한 여성이 자신의 놀라운 체험에 관해 이야기해 주었습니다. 언젠가 그녀가 강연을 할 때였답니다. 자기 앞에 앉아 있는 사람들 각자 안에 그리스도께서 계시다는 생각이 문득 떠올랐는데, 그 순간 자신도 하느님에 의해, 또 하느님 안에서 사람들에 의해 떠받쳐지고 있음을, 그리고 모두가 하나임을 깊이 느꼈다는 것입니다. 바오로가 모든 사람이 그리스도를 입었고 모두가 그리스도 안에 하나라고 감격에 겨워 말할 때, 필경 그 여성이 한 것과 비슷한 체험을 언급한 것이 아닐는지요.

"사실 나에게는 삶이 곧 그리스도이며 죽는 것이 이득입니다"(필리 1,21)라는 구절도 바오로의 신비적 언설에 속한다고 봅니다. 삶이 과연 무엇이며 무엇일 수 있는지, 바오로는 그리스도 안에서 체험합니다. 그리스도께서 참된 삶, 활력, 충만한 생명에 대한 바오로의 깊은 갈망을 충족시켜 주십니다. 나는 바오로가 자신과 예수 그리스도에 관해 도대체 어떤 체험을 했기에 이런 문장을 쓸 수 있었을까 자문해 봅니다. 바오로는 모든 생각과 갈망에서 예수 그리스도를 에돕니다. 그리스도께서 그를 온통 채우고 계십니다. 그는 다른 아무것도 알고자 하지 않습니다. 성공할지, 사람들이 자신을 좋아할지, 건강할지 병들지, 이 모든 것이 바오로에게는 중요하지 않습니다. 핵심은, 그리스도께서 그 안에 사시고 그의 삶에 각인되시는 것입니다.

앞의 인용구 둘째 부분 "(나에게는) 죽는 것이 이득입니다"는 어느 그리스철학자에게서 유래했다고도 합니다. 아무튼 철학자들은 일이 잘 풀리지 않을 때나, 현생을 위태롭고 가련한 실존으로 여길 때만 그렇게 표현하곤 하지요. 그런데 바오로는 자신의 기쁨과 확신을 말합니다. 그에게 죽음이 이득인 것은 삶이 견디기 어려워서가 아니라, 죽으면 자신의 깊디깊은 갈망을 영원히 충족시켜 주실 그리스도와 함께 있게 될 터이기 때문입니다. 그러나 이미 현세에도 그의 삶에는 그리스도께서 각인되어 있습니다. 하여, 사도가 지금 살거나 죽는 것은 그렇게 중요한 문제가 아닙니다. 다만 그리스도께서 그를 온전히 관통하시는 것이 중요합니다. 바오로에게는 이것이 삶의 정점이요, 사람마다 삶에 대해 지닐 수 있는 온갖 기대의 정점입니다.

"죽는 것이 이득"이라는 말이 우리에게는 너무 고원高遠하고 동떨어진 것으로 들리기도 합니다. 내 말처럼 하기가 실로 어렵습니다. 병적 행복감에 젖어 있다는 인상을 받을 수도 있겠지요. 많은 그리스도인이 자기와 관련지어 이 문장을 인용할 때, 나는 그들이 현실을 회피하고 있다는 느낌을 자주 받습니다. 자기 삶이 혼돈스럽기 때문에 이런 무서운 말씀으로 도피하는 것이지요. 그러나 이와 다른 체험도 있습니다. 묵상 중에 그리스도께서 나의 본원적 실재임이 명료히 인식될 때, 그 순간 이 문장은 실로 옳습니다. 그 순간 나는 나를 행복하게 하는 자유를 체험합니다. 그러나 이 체험을 언제까지나 붙들고 있을 수만은 없다는 것도 알고 있습니다. 바로 다음 순간 다시금 비판의 말이 내게 상처를 주고, 주변 상황이 기대대로 돌아가지 않아 짜증이 납니다. 하지만 때로는 겸손하고 조심스럽게, 큰 소리 내지 않고 조용히, 바오로의 이 말씀을 내 것으로 삼아 말할 수 있습니다. "사실 나에게는 삶이 곧 그리스도이며 죽는 것이 이득입니다"(필리 1,21).

8

바오로와 심층심리학

바오로는 자신의 신앙 체험을 신학적 언어로 표현했습니다. 그의 성찰들은 우리에게 너무 추상적으로 느껴집니다. 성경의 치유 사화들과는 달리, 우리는 그의 언설들을 심층심리학적으로 설득력 있게 해석할 수 없습니다. 하지만 바오로의 말에는 분명히 심리학적 의미들이 담겨 있습니다. 게르트 타이센은 『바오로 신학의 심리학적 관점들』*Psychologische Aspekte paulinischer Theologie*에서 여러 언설의 심리학적 차원을 밝혀 주었습니다.

나에게는 바오로의 언설들과 심층심리학의 관련성을 밝히는 세 갈래 길이 있습니다. 첫째 길은 인간에 관한 바오로의 서술에서 거듭 발견되는 심리학적 통찰들을 거쳐 가는 것입니다. 분명 바오로는 인간을 잘 알고 있었습니다. 여기에 근거하여 우리는 인간에 관한 바오로 고유의 심리학을 개진할 수 있을 것입니다. 둘째 길은 바오로의 몇 가지 언설을 융이 발전시킨 심층심리학의 통찰들과 비교해 보는 것입니다. 셋째 길은 바오로의 신학적이고 신비적인 언설과 체험들을 심리학 언어로 표현하는 것입니다. 이것은 오이겐 드레버만Eugen Drewermann이 특히 복음서 해석에서 발전시킨 심층심리학적 성서 해석의 전형적 방법입니다. 내가 신비 체험에 관한 장에서 영성적 언어로 서술한 것을, 심리학적으로 표현해 볼 수도 있을 것입니다. 아무튼 이것들은 자기 자신을 찾아 얻은 한 사람, 자신의 참본성, 자신의 신적 본질과 맞닥뜨렸던 한 사람의 체험이라 하겠습니다.

바오로의 심리학

바오로는 스토아철학의 영향을 받았습니다. 그리고 그 철학과의 만남에서 마음의 비밀에 관해 많은 것을 배워 알게 되었습니다. 그는 인간의 애욕과 감정들, 자신의 마음과 자기가 만나는 사람들의 마음에 관해 서술합니다. 몇 가지 예만 제시하지요. 코린토 후서에서 바오로는 자기 자랑을 삼갑니다. 하여, 자신이 "마음이 아니라 겉만 자랑하는"(2코린 5,12) 자들과 다르다는 것을 보여 주려 합니다. 이 말에 바오로의 심리학적 체험이 드러나 있습니다. 외부를 향해 가면을 쓰고, 남들 앞에 자신을 좋게 드러내는 사람들이 있지요.

그러나 이 외부를 향한 자랑은, 제 마음을 숨기는 짓일 따름입니다. 마음을 드러내기가 두려우니 그걸 감추기 위한 가면이 필요한 것이지요. 요즘도 이런 사람이 많습니다. 세상 사람들 앞에 나설 때면 으레 두꺼운 가면을 쓰는 바로 그런 사람들이지요. 이들은 겉으로는 자신 있고 행복한 듯 처신합니다. 하지만 눈 밝은 사람은 차갑고 생기가 없는 그들의 마음을 쉬이 꿰뚫어 봅니다. 바오로는 인간을 잘 알고 있습니다. 그는 가면을 쓰지 않습니다. 코린토 신자들에게 자신을 있는 그대로 보여 줍니다.

둘째 언설은 슬픔을 대하는 일과 관련되어 있습니다. 이를 현대인들은 우울증이라 말할 것입니다. 바오로는 마케도니아에서 자신을 엄습했던 두려움과 내적 불안에 관해 언급합니다. 그런 다음 자신이 코린토 신자들에게 안겨 주었던 슬픔에 관해 말합니다.

> (내가) 이제는 기뻐합니다. 여러분이 슬퍼하였기 때문이 아니라, 슬퍼하여 마침내 회개하게 되었기 때문입니다. 여러분은 하느님의 뜻에 맞게 슬퍼한 것이니, 우리 때문에 손해를 본 것은 하나도 없습니다. 하느님의 뜻에 맞는 슬픔은 회개를 자아내어 구원에 이르게 하므로 후회할 일이 없습니다. 그러나 현세적 슬픔은 죽음을 가져올 뿐입니다(2코린 7,9-10).

초기 은수자들은 슬픔(*lype*)과 비애(*penthos*)를 구별했습니다. 바오로는 여기서 '슬픔'이라는 표현만 쓰지만, 하느님의 뜻에 맞는 슬픔과 현세적 슬픔을 구별합니다. '하느님의 뜻에 맞는 슬픔'은 회개로, 사고의 전환으로 귀결됩니다. 심리학적 언어를 빌리면, 우울증에는 반드시 의미가 있다고 말할 수 있을 것입니다. 우울증은 삶을 바꾸어야 할 필요성을 알려 주는 신호입니다. 흔히 우울증은 우리에게 지나친 부담을 안겨 주는 그릇된 기본 전제들을 깨우쳐 줍니다. 어떤 부인은 완벽한 어머니가 되려고 애를 쓰다가 그만 우울증에 걸리고 말았답니다. 바오로의 말에 따르면, 우울증은 하느님 뜻에 맞는 것입니다. 우울증은 그 부인에게 완벽주의를 놓아 버려야 한다고 가르쳐 주고 있는 것입니다. 심리학은 반응성 우울증들에 관해 말합니다. 누구든 자기 능력의 한계 이상으로 쏟아 붓거나 상실감 때문에 심한 아픔을 겪게 되면 정신이 우울증으로써 반응합니다. 이 경우 우울증은 우리의 한계를 발견하고 사람이나 건강이나 능력의 상실을 마음껏 슬퍼하면서 우리 안에서 새로운 것이 자라날 수 있게 하라는 권고입니다.

'현세적 슬픔'을 내인성內因性 우울증과 단순히 동일시할 수는 없습니다. 후자는 정신뿐 아니라 육신에 의해서도 야기되는 질병이기 때문입니다. 아무튼 바오로가 세상에 기인하는 슬픔이라는 말로 의미하는 바를 현대 심리학도 매우 잘 이해하고 있습니다. 이것은 세상이 소망을 충족시켜 주지 않을 때, 사람들이 반동적으로 가지게 되는 우울한 정조 情調입니다. 이런 정조는 현세적 욕구와 잣대들로만 자신을 규정짓는 사람들에게 곧잘 엄습합니다. 초기 은수자들은 이런 마음가짐을 '울보 정조'라 불렀다 합니다. 이런 정조를 지닌 사람들은 세상으로부터 얻지 못한 것을 기꺼이 슬퍼할 마음을 갖추지 못했습니다. 갈망했지만 얻지 못한 것을 기꺼이 슬퍼하는 각오가 되어 있지 않은 사람은, 현세적 슬픔에 빠져 죽음을 방불케 하는 내적 마비에 이르고 맙니다. 정신 치료는 내적 변화로 귀결되는 슬픔에 대한 거부를, 신경증(노이로제)과 자기도취증(나르시시즘)의 대상代償 작용에서 확인합니다. 나의 결함들을 슬퍼하지 않으면, 나를 남보다 낫게 평가하거나 모든 사람에게 칭찬받는 것으로 그 결함들을 보상받으려 들지요.

바오로의 심리학적 지식을 오늘의 언어로 옮기는 시도는 각별히 흥미롭습니다. 우리는 그런 심리학적 통찰들을, 흔히는 부차적 언명들에서 자주 만나게 됩니다. 예를 들어 바오로는 하느님을 힘입는 영적 무기에 관해 말합니다.

> 그것은 하느님 덕분에 어떠한 요새라도 무너뜨릴 수 있을 만큼 강력합니다. 우리는 잘못된 이론을 무너뜨리고, 하느님을 아는 지식을 가로막고 일어서는 모든 오만을 무너뜨리며, 모든 생각을 포로로 잡아 그리스도께 순종시킵니다(2코린 10,4-5).

심리학은 합리화 현상들을 잘 알고 있습니다. 우리는 자신에 관한 진실을 직시하기 싫어서 온갖 그릇된 이론을 세워 놓고는, 그 이론들로 삶을 정확히 기술하고 있다고 생각합니다. 그러나 사실은 우리의 본원적 갈망을 회피하고 자신의 깊은 진실과 대면하지 않으려고 그런 이론들을 핑곗거리로 준비해 두는 것입니다. 합리화는 자신의 실체를 회피하는 수단입니다. 영적 무기는 합리화의 가면을 벗기고 근본적으로 하느님과 결부되어 있는 우리의 깊디깊은 갈망과 만나게 해 줍니다. 우리 마음속 생각들은 그리스도와 상응합니다. 우리가 내면에서 그리스도와 만날 때만 우리의 생각은 우리 본성에 맞갖게 됩니다. 이로써 모든 합리화 이론은 참자아로부터의 도피에 지나지 않음을 깨닫습니다.

테살로니카 전서에서 바오로는 자신의 활동을 부모의 양육 방식에 견줍니다. 어머니와 아버지에 관한 묘사에서 우리는 바오로가 부모의 소임을 심리학적으로 올바로 이해하고 있었음을 알아챕니다.

> 우리는 여러분 가운데에서, 자녀들을 품에 안은 어머니처럼 온화하게 처신하였습니다. 우리는 이처럼 여러분에게 애정을 가지고 있기 때문에, 하느님의 복음을 여러분과 함께 나눌 뿐만 아니라 여러분을 위하여 우리 자신까지 바치기로 결심하였습니다. 여러분은 그토록 우리에게 사랑받는 사람이 되었습니다(1테살 2,7-8).

어머니는 자식들에게 안전과 근원적 신뢰를 주고 자기 생명의 한몫을 선사합니다. 그 사랑은 신뢰와 친교의 환경을 조성합니다. 아버지는 자식들에게 용기를 북돋아 주며, 삶을 걸고 세상을 향해 나아가라고 격려하는 소임을 맡습니다. 이런 아버지의 특징적 면모를 바오로도 몸소 체현했습니다.

> 여러분도 알다시피, 우리는 아버지가 자녀들을 대하듯 여러분 하나하나를 대하면서, 당신의 나라와 영광으로 여러분을 부르시는 하느님께 합당하게 살아가라고 여러분에게 권고하고 격려하며 역설하였습니다(1테살 2,11-12).

바오로의 심리학적 지식이 드러나는 구절이 많거니와, 거기에서 그의 인간관을 미루어 짐작할 수 있습니다.

바오로와 현대 심층심리학적 통찰

심층심리학자들은 바오로가 로마서 7장에서 자신과 자신의 내적 분열에 대해 한 말에 특히 주목합니다. 그들은 바오로의 말을 신학이 아니라 정신과 의사의 임상 체험을 바탕으로 이해합니다. 많은 환자가 치료 과정에서 자기 상황을 로마서 7장의 바오로와 비슷하게 묘사합니다. 그들 스스로가 자신의 행동을 납득하지 못하고 있다는 인상도 줍니다. 그들도 바오로처럼 말할 것입니다. "나는 내가 바라는 것을 하지 않고 오히려 내가 싫어하는 것을 합니다"(로마 7,15). 그들은 자신이 자유롭지 못하다고 느낍니다. 어떤 다른 힘이 자기 안에 똬리를 틀고 앉아, 자기를 이상적인 자화상에 부합하지 않는 행동으로 몰아댄다고 생각합니다. 심리학은 충동적 욕구의 억압을 분열의 원인으로 봅니다. 충동적 욕구들은 이상적 자화상과 상충되기 때문에 무의식 속으로 억압되는 것이지요. 그러나 이 욕구들은 거기서 파괴 활동을 전개하고 우리가 의식적으로 착수한 일을 방해합니다. 억압되었다고 해서 이 세상 밖으로 제거된 것은 아닙니다. 우리에게 무의식적으로 작용하며, 우리가 이성적으로 옳게 여기는 것의 실행을 방해합니다. 프로이트Sigmund Freud는 무의식적인 것과 억압된 것을 꿈과 실언失言(억압된 것이 이를 통해 발언하는 것)과 연상聯想(관념이나 소재가 연이어 떠오르는 것)에서 찾아내려 시도했습니다. 융은 개인의 과장된 반응과 매번 상처 입는 예민한 부분에서 인격의 어두운 면을 확인했습니다.

  인간이 자신 안에서 분열되어 있다는 건 확실합니다. 융 심리학에서 인격의 핵으로서의 자아인 '나'는, 나의 행동을 결정할 힘이 없습니다. 내 안에는 다른 힘이 있습니다. 이 힘을 바오로는 내 안에 있는 '죄'(hamartia)라고 부릅니다. 이것은 내가 바라는 것을 그르치게끔 나를 몰아대는 힘입니다. '죄'는 '하마르타노'hamartano, 즉 '빗맞히다 · 그르치다 · 목적을 달성하지 못하다'에서 왔습니다. 심층심리학적으로는 이것을 '억압된 것의 힘'이라고 할 수 있을 것입니다. 변화되지 않은 것은 내 안에서 계속 작용합니다. 그리고 나의 의식적 관점과는 상충되는 것을 행하도록 나를 몰아대는데, 이것은 내가 마침내 용기를 내어 억압된 것을 직시하고 그림자에 권리를 인정해 줄 때까지 계속됩니다. 그렇게 내가 억압된 공격성을 인정해 줄 때 비로소 그것은 나와 내 주변 사람들을 유린하기를 그칩니다. 억압된 것이 나를 분열시키고 찢어 놓습니다. 인지되고 드러난 것은 변화될 수 있습니다. 자신의 오성과 의지와 함께 바오로는 이 죄의 권세 앞에, 그의 내면에 자리 잡고 그가 전혀 바라지 않는 것을 행하는 경향성의 힘 앞에 항복합니다. 바오로는 이 비참함에서 벗어나기 위한 유일한 방법으로 자신에 관한 진실을 그리스도께 넘겨드릴 것을 권합니다. 그러면 그리스도께서 나를 이 분열에서 구해 주실 것입니다. 그리스도의 빛 안에 받아들여지는 것은 변화될 수 있습니다.

샌포드는 바오로의 이 말을 심층심리학자의 통찰로 여깁니다. 그는 바오로가 "자신의 그림자를 잘 알고 있었고, 오직 하느님만이 자기를 거기서 구해 내실 수 있으리라 믿었다"(Schatten 47)고 썼습니다. 그는 자기가 그저 선하기만 한 것이 아니라, 자신 안에는 다른 쪽이, 영혼의 어둡고 악한 면들이 있다는 것을 알고 있었습니다. 그리고 자신의 행업이 아니라 은총으로 구원된다는 것을 믿었습니다. 이 근원적 통찰은 오늘 우리에게도 유효합니다. "그대의 행위들을 통해 하느님의 사랑을 얻어 낼 수는 없다. 하느님께서는 그대를 모든 어둠을 자신에게서 제거한, 맑고 밝은 사람으로 받아들이시는 게 아니라, 있는 그대로 받아들이신다"(같은 책 128). 자신이 바라는 것은 무엇이든 할 수 있다고 생각하는 사람은, 필연적으로 자신의 어두운 면들을 억압하게 됩니다. 그러나 그의 그림자는 갈수록 커집니다. 그는 밖으로 길게 드리운 자신의 그림자를 전혀 알아채지 못합니다. 바오로는 우리 자신을 똑바로 보라고, 우리의 밝은 면과 어두운 면을 함께 보라고 권고합니다. 그럴 때만 우리의 영적 노력이 열매를 맺게 됩니다.

특히 지나치게 높은 이상을 품은 사람들이 내적 분열에 자주 시달립니다. 흠결 없이 살고 고통스러우리만치 엄격하게 서원을 지키고 싶어 한 수녀님이 있었습니다. 그러다 종종 규칙을 위반하고 수도회에서 금지하는 일도 자신에게 너그럽게 허용하게 되었지요. 그러다 보니 기도만 하려고 하면 돌연 심한 불안감이 엄습하여 기도를 포기해 버리는 일이 잦아졌습니다. 스스로에 대한 과도한 요구와 현실 사이에서 내적으로 분열된 자신을 느끼고 있었던 것입니다. 이 수녀님의 행동은 전혀 나쁜 것이 아닙니다. 하지만 자신에게 너무 많은 것을 바라기 때문에, 이상과 실제 행동 사이에서 내적 분열을 느낄 따름이지요.

심리학은 내적 분열이라는 바오로의 주제를 다양한 변형태로 포착해 왔습니다. 그림자 이론으로 주제화하기도 했고, 나의 내면이 둘 이상의 인격으로 분열한다는 다중 인격 또는 이중 인격에 관한 논구도 활발합니다. 이른바 인간이 여러 개의 나로 분할·병존하고 있다는 것이지요. 하나의 나는 착하게 살고 도덕적 이상에 따라 행동하려는 반면, 또 하나의 나는 악을 행합니다. 이 두 개의 나는 완전히 별개입니다. 서로 소통이 없지요. 로버트 제이 리프턴Robert Jay Lifton은 '이중 자아' 현상, 즉 '내가 온전한 기능을 발휘하는 두 개의 통일체로 분할하는' 현상을 나치 강제수용소에서 근무한 의사들을 사례로 들어 서술했습니다. 강제수용소 의사는 '강제수용소의 나'를 만들어 냈는데, 이것이 그로 하여금 유다인 박멸이라는 끔찍한 일에 기꺼이 협력하도록 해 주었습니다. 그러나 동시에 그 의사가 "자신을 여전히 인간이자 의사이자 남편이자 아버지로 여길 수 있기 위해서는 '예전의 나'도 꼭 필요"(Schatten 203)했습니다. 서로 독립적으로 기능하는 두 개의 나로 분할된 덕분에 그 의사는 죄책감 없이 사람을 죽일 수 있었던 것입니다. 멀쩡한 '일상적 나'가 '강제수용소의 나'에게 '더러운 일'을 떠넘겼던 것이지요. 이런 이중 자아는 테러 집단, 마피아, 또는 청소년 범죄 조직에서도 찾아볼 수 있습니다. "마피아나 암살단의 보스는 '표적'의 제거를 냉혹하게 지시하(거나 스스로 결행하)면서도, 동시에 사랑하는 남편이자 아버지임에는 변함이 없고, 꼬박꼬박 교회에도 나간다"(같은 책 208). 리프턴은 그런 인간들이 악마와 맺는 계약에 관해 말합니다. '악마와의 계약'은 많은 설화의 소재로 등장합니다. 그리고 문학과 민담에서도 '제2의 자아'(Doppelgänger)는 중요한 모티프가 됩니다. 인간에게는 자신을 죄의 권세에 팔아 버리고, 그로써 그 권세의 한몫을 얻어 이 악의 힘을 다른 사람들에게 행사하고자 하는 성향이 분명히 있습니다. 그러나 이 모든 설화가 가르쳐 주듯이, 악마와의 계약으로 자신을 팔아넘기고 악을 섬기는 사람은 어김없이 자아분열이라는 지옥에서 종말을 맞습니다. 유명한 영화 「프라하의 대학생」Der Student von Prag에서처럼, '제2의 자아'는 끝내 자신의 대립 자아를 죽이게 됩니다. 프로이트의 동시대 사람 오토 랑크Otto Rank는 저서 『제2의 자아』에서 이 영화를 심리학적으로 분석하기도 했습니다.

어떻게 나의 의식적 측면과 어두운 측면을 화해시킬 것인가, 어떻게 두 개의 나를 통합시킬 것인가 하는 것이 중요한 문제로 대두됩니다. 바오로가 권한 두 가지 방법을 현대 심층심리학자들도 잘 알고 있습니다. 첫째 방법은 분리·병존하는 두 개의 나를 서로에게 소개하고, 내가 그 둘 사이의 대화를 주선하는 것입니다. 바오로는 서간에서 이 대화를 이미 실행했습니다. 그는 두 개의 나를 대화로 인도합니다. 이것은 선하고 도덕적인 나를 악하고 비도덕적인 나와 갈라놓는 것을 막아 줍니다. 선한 나를 상대화합니다. 대화는 또한 우리가 스스로의 힘으로는 이 분열을 극복할 수 없다는 것도 가르쳐 줍니다. 바오로의 둘째 방법은, 나의 분열성을 그리스도께 넘겨드리고 그로써 두 개의 나 사이의 대화를 예수 그리스도도 함께하시는 삼각 대화로 확대하는 것입니다. 바오로의 경우, 예수님이 정신과 의사 역할을 하는 셈인

데, 이 의사는 환자와 상담하는 데 그치지 않고, 환자로 하여금 당신 앞에서 그리고 당신과 함께 환자 자신의 영혼과 대화할 수 있게 해 주십니다. 바오로에게는 예수 그리스도 앞에서 자신의 분열성을 시인하는 일이 중요합니다. 그러나 죄책감으로 괴로워하거나 악한 나를 반드시 죽여야 한다는 강박 없이 그리해야 합니다.

  바오로는 예수 그리스도를 바라봄이 나를 나의 참본성과 온전성으로 이끌어 준다고 믿습니다. 나의 분열성만 들여다보면 결코 그것에서 벗어나지 못합니다. 그저 나를 더욱 괴롭히게나 될 뿐입니다. 내 의지만으로는 내가 옳다고 인식한 것을 모두 행할 수가 없습니다. 또 분열을 극복하는 데 필요한 힘의 원천으로 그리스도를 이용할 수도 없습니다. 나는 다만 나의 분열성을 관통하여 예수 그리스도를 바라보고, 그분께 나의 분열된 실존을 넘겨드릴 따름입니다. 그러면 나는 분열의 와중에서도, 지금 있는 그대로, 어두운 면과 선을 행할 수 없는 무능을 고스란히 지닌 채 존재해도 된다는 것을 체험하게 됩니다. 예수 그리스도를 바라봄은 나를 나 자신에게로, 내 인격의 참본질로 이끌어 줍니다. 그때 나는 나의 온전성을 체험합니다. 그리스도의 사랑이 내 안의 두 측면을 모두 감싸 안기 때문입니다. 의인과 죄인, 규범을 준수하는 나와 어기는 나, 높은 이상을 내세우는 나와 그것에 어긋나는 행실을 통해 그 이상을 거짓으로 만드는 나, 모두를 감싸 안습니다.

나의 분열성과 힘겹게 싸울수록 승리는 더욱 멀어집니다. 내가 내면의 분열과 정면으로 맞서 싸우면 아주 강력한 반발을 불러일으키게 되는데, 이 힘을 감당할 능력이 내게는 없습니다. 이것을 나는 체험을 통해 알고 있습니다. 나는 언젠가 나의 모든 과오와 소아병적 결함들을 극복하게 되리라고 줄곧 생각했습니다. 예전의 과오를 또다시 저지르는 나 자신에게 번번이 화가 났지요. 잘못을 저지를 때마다 좀 더 철저해지자고 결심했고, 잘못을 되풀이할 위험이 있으면 미리 심사숙고하자고 다짐했습니다. 사실 여러모로 도움되었고 더 나아지게 해 주었습니다. 하지만 나는 여전히 넘어졌습니다. 그러면 다시금 나 자신에 분노했지요. 스스로를 단죄하고 배척함으로써 내면의 분열은 자꾸 깊어만 갔습니다. 훗날 스스로는 이 분열을 극복할 수 없다는 무력함을 절감하면서 나 자신을 하느님께 넘겨드렸을 때 비로소, 문득 깊은 내면의 평화를 맛보았습니다.

바오로는 로마서 7장에서 율법을 거슬러 행동하는 바람에 사랑받지 못하는 나에게 더는 분노하지 않기로 합니다. 그저 자신을 그리스도의 사랑에 맡겨 드립니다. 이것이 그를 분열에서 자유롭게 합니다. 심층심리학에서도 이 방법을 권합니다. 내면의 분열을 하느님 은총에 맡겨 드리고, 고원高遠한 환상들에게 작별을 고하라 이릅니다. 많은 경우, 이런 환상들은 우리 자신에 관한 진실을 직시하지 않으려는 수단에 지나지 않습니다.

'바오로와 심층심리학'이라는 주제를 좀 다르게 이해할 수도 있을 것입니다. 바오로만큼 우리로 하여금 자신의 영혼을 깊이 들여다보게 해 주는 성경 저자는 없습니다. 우리가 바오로의 언설들을 심층심리학적으로 해석할 수 있는 것도 그래서입니다. 물론 이것은 상당히 모험적인 시도이니, 우리 자신의 어두운 면을 바오로라는 인물에게 투사할 위험성이 항상 존재하기 때문입니다.

바오로가 자신의 분열성에 관해 말하는 곳이 유독 로마서 7장만은 아닙니다. 이 분열성은 그의 다른 서간들에서도 감지됩니다. 바오로는 한편으로 예수 그리스도에게 매혹되었고, 자기 삶을 그분을 위해 바치고자 합니다. 그러나 다른 한편 복음의 적들을 극히 공격적이고 모질게 비난할 줄도 압니다. 여기서 문제는, 이 일이 오로지 복음의 순수성을 지키려는 거룩한 열정에서 비롯했는가, 아니면 바오로 자신의 상처와 성마름도 함께 작용했는가라는 것입니다. 우리는 바오로의 공격적 언설들에서 그의 어두운 면들을 명백히 알 수 있습니다. 회심 후에도 바오로의 강박증적 성격은 여전했습니다. 회심 전에는 계명 준수를 통해 자신의 가치를 입증하고자 했다면, 회심 후에는 복음에 헌신하는 일을 통해 그리하고자 했습니다. 바오로의 영성은 늘 예수 그리스도에게 깊이 뿌리내리고 있었지만, 서간에 따르면 그는 늘 자기 비하라는 병으로 괴로워했다고 합니다. 바오로의 영성은 깊었지만 신경증적 성격만큼은 속 시원히 벗겨 내지 못했습니다. 이 때문에 스스로도 괴롭고 공동체 보기에도 부끄러웠습니다. 그러나 바로 이런 경험이 우리에게 위로가 되고, 정신 치료적 임상 체험에도 부합합니다. 우리가 정신 치료를 통해 완벽해지는 것은 아닙니다. 신경증적 성격에서 완전히 자유로워지기는 힘듭니다. 하지만 이제 더는 이것이 우리를 어쩌지 못합니다. 우리는 좀 더 의식적으로 이 구조들을 다루고, 새삼 이것들과 거리를 둘 수 있습니다. 바오로에게서도 이런 변화의 조짐이 보였습니다. 그는 예수 그리스도와의 만남을 통해 내적으로 더 폭넓고 자유롭고 친절하고 자비로워졌습니다. 그러나 이 깊은 영성 한가운데서 돌연 어두운 면들이 나타났던 것입니다. 깊은 신비를 생생히 체험했지만, 바오로는 여전히 살과 피로 이루어진 인간, 불안해한 인간, 자신의 어두운 면을 잘 알고 종종 그것 때문에 고통스러워했던 인간이었습니다.

신학적·신비적 언설에 대한 심층심리학적 해석

심층심리학적 해석은 율법과 은총, 행업이 아니라 믿음으로 말미암은 의화 등의 주제와 관련된, 흔히는 추상적으로 보이는 신학적 사유 과정에 새로운 빛을 비추어 줄 수도 있을 것입니다. 율법은 인간을 의롭게 만들지 못하며 오히려 인간이 죄인임을 입증해 줄 뿐이라는 로마서의 언명들은 정신 치료적 임상 체험에도 부합합니다. 정신과 의사들은 계명을 준수하기 위해 적용하는 의지 훈련이 사람들을 절망으로, 심지어 윤리적 파탄으로 오도한다는 것을 잘 알고 있습니다. 자기 정신의 부정적 성향들과 맞서 싸울수록 더 그것들에 고착됩니다. 사람들이 제 마음의 달갑지 않은 충동들과 맞서 싸우기 위해 온갖 노력을 다해 왔다는 것을 우리는 정신 치료에서 새삼 알게 됩니다. 하지만 그로써 더 나아지지는 않았습니다. 오히려 그들의 투쟁은 헛일이었습니다. 그 싸움에 온 힘을 쏟아 부었지만, 그 때문에 그들이 더 훌륭하고 자유롭고 인간적이고 사랑스럽게 되지는 않았습니다. 정신 치료는 자신 안에 있는 것을, 판단하거나 평가하지 않고, 그저 직시하게 합니다. 자기 마음 안에서 인지하는 모든 것을 온전히 받아들임으로써, 도덕적 수준이 문득 고양됩니다. 자신의 어두운 면들을 자기 삶과 통합시킴으로써 율법이 요구하는 것을 실현할 수 있게 됩니다.

자기 '죄'와 맞서 싸우는 것이 헛될뿐더러 그 싸움이 오히려 그릇된 행태를 고착시킨다는 것을, 나는 영성 지도 중에 종종 경험했습니다. 누구나 죄를 피하고 싶어 합니다. 그러나 죄에 붙박여 있기에 죄에서 벗어나지 못합니다. 자신을 단죄하거나 평가절하하지 않고 담대하게 있는 그대로 받아들일 때만, 사람은 더 인간적이 되며 하느님이 자신에게 원하시는 것을 성취할 수 있습니다. 내가 내 안에 있는 것을 평가절하하면, 그것은 계속 내게 달라붙어 있습니다. 내가 맞서 싸우는 대상이 끊임없이 나를 쫓아다니며 못살게 굴 것입니다. 내가 직시하는 것만이 변화될 수 있습니다. 내게는 바로 이것이, 율법이 아니라 은총으로 말미암아 산다는 바오로 언명의 핵심입니다. 조건 없이 사랑받고 있음을 은총 속에서 체험한 사람만이 변화될 수 있습니다. 율법을 엄수하려는 의지는 거의 반드시 율법 위반으로 귀결됩니다. 그것은 우리를 의롭게 만들어 주지 못합니다. 하느님 앞에서 옳고 의롭다는 것을 마음 깊이 체험할 수 있을 때만, 우리 삶이 변화되고 그리스도께서 우리에게 삶으로 보여 주신 사랑을 실천할 수 있습니다. 바오로가 하느님의 은총과 믿음을 부단히 강조한 것은, 인간의 자기 단죄와 자기 징벌 성향에 맞서 내밀한 본질에 대한 신뢰를 강화시키려는 노력이었습니다. 이 본질은 하느님에게서 비롯하였고 죄가 아니라 영에 의해 규정지어졌기에 선할 수밖에 없습니다.

나에게 바오로의 말씀은 우리 안에 새겨 두고 싶은 그림과 같습니다. 그 그림은 본원적이고 손상되지 않은 우리 안의 하느님의 모상을 만나게 해 줍니다. 자신의 참모습을 찾아 만난 사람, 자기의 참된 정체성을 사는 사람은 불안한 자기 단죄와 악의 족쇄로부터 자유로워집니다.

바오로 서간의 신비적 언설들도 심리학의 언어로 표현할 수 있을 것입니다. 그럴 경우 인간의 자아 형성에 관한 적확한 묘사가 되겠지요. 인간은 하느님의 모상을 자신 안에 통합할 때 비로소 참자아에 도달합니다. 또 깊은 내면에서 하느님께 자신을 활짝 열 때 비로소 참으로 온전하고 흠 없고 건강해집니다. 물론 심리학의 언어만으로 바오로의 사유 과정을 속속들이 파악하고 이해하기는 어려울 것입니다. 그러나 그 신비 체험의 심리학적 차원에 주목하는 것은 전적으로 옳습니다. 융도 바오로의 여러 언설을 그런 의미에서 이해했습니다. "이제는 내가 사는 것이 아니라 그리스도께서 내 안에 사시는 것입니다"(갈라 2,20)라는 말은 융이 보기에 개성화와 자아 형성의 정점이었습니다. 융에게 그리스도는 역사 속의 한 개인이면서, 다른 한편으로는 자아의 원형이기도 합니다. 인간은 그리스도에게서 자신의 참자아를 발견합니다. 내가 여기서 융을 인용하는 것은, 바오로의 언설을 순전히 심리학적 차원으로 환원하기 위함이 아닙니다. 그러나 영적 체험은 언제나 마음에 각인됩니다. 그래서 그 체험도 심리학적으로 서술할 수 있습니다.

융은 모든 인간이 제 안에 원형적 구조를 가지고 있고, 이 구조가 원형의 구체적 표상들에 응답한다는 데서 출발합니다. 그런 구조의 하나가 '자기'(Selbst)라는 원형입니다.

> 자기라는 이 원형은 각자의 정신 안에서 그 메시지에 응답해 왔다. 그래서 라삐 예수라는 구체적인 인물은 극히 짧은 시간에 통합된 원형에 동화되었다. 요컨대 그리스도는 '자기'라는 이상을 체현했다(Jung, *Ges. Werke* XI, 170).

융에 따르면, 우리 내면의 그리스도는 우리를 에고(자아)로부터 벗어나게 하여 '참자기'로 이끌어 가십니다. '참자기'는 더 이상 단순히 인간적인 무엇이 아니라, 동시에 우리를 넘어서는 어떤 것입니다. '참자기' 안에는 신적인 것과 인간적인 것이 결합되어 있습니다.

> 인간은 자신을 어디까지나 '나'Ich로만 알고 있으며, 통합된 자기는 형언할 수도 없고 하느님의 모상과 구분할 수도 없다. 그래서 종교적·형이상학적 언어로 자기실현이라 함은 '하느님의 육화'를 의미한다(같은 책 171).

이 견해를 바오로의 말과 관련지어 보면, 예수 그리스도 체험을 통해 자신의 내적 분열에서 해방된 바오로의 모습이 생생히 그려집니다. 엄격한 율법 준행을 통해 하느님과 사람들 앞에 당당하고 싶었던 바오로의 에고가 무력화되었습니다. 그리고 바오로는 그리스도를 자신 안에 계시는 치유하고 해방하는 실재로 체험했습니다. 예수 그리스도와의 만남을 통해 그는 자기 주위를 쉼 없이 에도는 에고로부터 벗어났고 자신의 참본성과 하느님과 인간들에게 자기를 열었습니다. 이것은 바오로에게 선사된 체험, 예수 그리스도에 대한 영적 체험이었으나, 또한 그의 마음도 변화시켰습니다. 바오로의 에고는 그리스도 안에서 십자가에 못 박혔고, 그래서 바오로는 자신의 참자기, 자기 안에 있는 변질되지 않고 손상되지 않은 하느님 모상에 이르는 통로를 발견했습니다. 그리고 마음 깊은 곳에서 온전한 치유를 체험했습니다. 어떠한 외적 질병이나 약점도 이 영적 해방감을 훼손할 수는 없었습니다.

인간이 더는 외적인 것이 아니라 자기 내면의 중심, 자신의 참자기에 터하여 살아간다면, 이 존재 방식을 표현하는 데 바오로의 말을 빌리는 것보다 더 좋은 방법은 없을 것입니다. 그리스도는 참자기의 표상, 인간의 가장 내밀한 본질의 표상입니다. 융에게 인간 됨의 길은 에고에서 자기로 나아가는 여정입니다. 에고는 의식된 인격의 핵입니다. 반면 자기는 가장 내밀한 본질입니다. 자기는 의식뿐 아니라 무의식도, 인간적인 것뿐 아니라 신적인 것도 포괄합니다.

자기로 나아가는 데는 여러 길이 있습니다. 하나는 신비적인 길입니다. 피상적인 것들을 뚫어 헤치고 내 안을 깊이 들여다볼수록, 모든 가지적可知的인 것의 심연에 근본적으로 볼 수도 잡을 수도 없는 자기를 어렴풋이 느끼게 됩니다. 묵상의 길, 침잠과 깨달음의 길은 나를 나의 참본성으로 이끌어 줍니다. 이 본성은 인간적인 것을 초월합니다. 이를 심리학에서도 "이제는 내가 사는 것이 아니라 그리스도께서 내 안에 사시는 것입니다"라는 말로밖에는 표현할 길이 없을 것입니다. 이 참자기에 이르는 또 하나의 길은 고통의 길입니다. 바오로는 말합니다. "우리의 외적 인간은 쇠퇴해 가더라도, 우리의 내적 인간은 나날이 새로워집니다"(2코린 4,16). 고통을 애써 구할 필요는 없습니다. 그러나 바오로의 경우처럼, 하느님께서 주시는 고통을 받아들인다면 고통도 변화의 길이 될 수 있습니다. 변화의 가장 큰 적은 (융이 말했듯이) 순탄한 삶입니다. 모든 일이 매끄럽게 되어 가면 피상적 차원에 머무르고 말 뿐, 내면 깊이 파고 들어가지 못합니다. 고통은 외적인 것만 폐기시킵니다. 내적인 것은 파괴되지 않습니다. 오히려 외적인 것이 깨뜨려질수록, 그만큼 더 깊이 있게 우리의 내적 실재를 만나게 됩니다.

바오로는 영과 육, 율법과 은총, 죄와 은총, 아담과 그리스도, 종과 아들, 죽음과 부활, 옛것과 새것 등의 대립 쌍을 즐겨 사용합니다. 우리는 이 대비를 신학적으로 이해할 수 있겠지만, 그 속에서 인간 형성에 대한 서술도 발견할 수 있을 것입니다. 자기 됨의 과정은 죄에서 은총으로 나아갑니다. 말하자면 참자기에서 분리되어 있다가 하느님께 사랑받고 하느님과 일치되는 체험으로 나아가는 것이지요. 사람은 죄 때문에 생명에서 멀어집니다. 자신에게서 소외되지요. 관계는 은총으로 회복됩니다.

정신 치료의 관건은, 애욕과 신경증적 구조에 예속된 삶에서 자유를 되찾는 것입니다. 정신 치료를 시작하면 사람들은 자신이 엄청난 압박에 짓눌리고 있다는 것을 알게 됩니다. 그들은 자신의 상태를 신경증적 속박과 고정관념과 두려움과 내적 불안에 사로잡힌 종살이로 묘사합니다. 그들은 자유를 갈망합니다. 자기 됨의 길은 육에서 영으로, 성공·업적·인정 같은 이 세상의 잣대들을 따르는 삶에서 인간의 그윽한 실재에 맞갖은, 영을 따르는 삶으로 나아가는 것입니다. 여기서 바오로가 대비되는 표상들을 통해 서술하는 것을 정신 치료 분야에서 이해하는 방식도 크게 다르지 않습니다. 관건은, 새것이 우리 안에 자라날 수 있도록 옛것을 버리는 것입니다. 누구나 정신 치료를 통해 옛 인간을 벗고 자신의 본성에 더 잘 맞는 새 옷을 입고 싶어 합니다. 마침내 더욱 참되고 미덥고 진실하게 살고 싶어 합니다. 자신과 화해하고 행복하게 살고 싶어 한다고 말해도 좋습니다. 바오로에게 그리스도는 성취된 인간 존재의 표상입니다. 그러나 이 표상은 오늘날 우리가 행복의 표상이라고 선전하는 것과 상충합니다. 바오로가 그리스도 안에서 우리에게 약속하는 새것은, 옛것의 죽음을 요구합니다. 이는 우리의 갈망에 언제나 부합하는 것도 아닙니다. 죽음은 뭐라 해도 고통스러운 것이기 때문이지요. 하지만 참된 인간 형성의 길에 나선 사람이라면 누구나, 내밀한 자기와 손쉽게 화합하는 길은 없다는 것을 알고 있습니다. 경직된 것들을 숱하게 돌파해야 합니다. 스스로를 재단하는 잣대들이 부러져 인간의 참모습이 나타나야 합니다. 예수 그리스도 안에서 우리에게 비추어진 이 모습이 바야흐로 우리 마음 안에서도 환히 빛나고 싶어 합니다.

9

바오로와 여성

우리 시대에 바오로에게 반기를 드는 이들은 주로 여성들입니다. 그들은 특히 여성 발언 금지령(1코린 14,34), 여성들이 전례 중에 말할 때는 머리에 너울을 써야 한다는 논증(1코린 11,2-16), 그리고 결혼과 성에 관한 바오로의 입장에 충격을 받았습니다.

다른 한편으로는 바오로의 교회에서는 여성이 매우 중요한 위치를 차지하고 있었다는 사실을 발견한 이들도 바로 우리 시대의 여성들입니다. 바오로도 빈번히 여자들을 자신의 '동료 일꾼'이라고 불렀습니다. 예컨대 프리스카와 아퀼라 부부는 바오로를 위해 중요한 역할을 수행했습니다. 포이베도 있지요.

우리의 자매이며 켕크레애 교회의 일꾼이기도 한 포이베를 여러분에게 추천합니다. 성도들의 품위에 맞게 그를 주님 안에서 맞아들이고, 그가 여러분의 도움이 필요하게 되면 무슨 일이든지 도와주십시오. 사실 그는 나를 포함하여 많은 사람의 후원자였습니다(로마 16,1-2).

바오로는 포이베를 '일꾼'이라고도, '후원자'(prostatis)라고도 부르는데, '프로스타티스'는 본디 '책임자·통괄자'를 뜻합니다. 포이베는 코린토 동쪽 지역에 있는 켕크레애 교회를 맡아 돌보았습니다. 그녀는 공동체를 자기 집으로 불러 모았고, 거기서 주도적 역할을 했음이 분명합니다. 바오로는 로마서에서 여러 여성의 이름을 들면서, 그들이 주님 안에서 수고를 많이 했다고 말합니다. 바오로는 자신의 선교 활동뿐 아니라 협력자들의 활동까지 '수고하다'라는 표현을 써서 묘사합니다. 그리고 교회 안에서 여성들의 헌신을 가리키는 데도 똑같은 표현을 씁니다. 요컨대 여성들은 교회를 위해 적극적으로 몸 바쳤습니다. 나아가 바오로는 유니아를 사도들 가운데 포함시키기까지 합니다. 그러니까 여성에게도 사도 칭호를 부여한 것이지요(로마 16,7). 이렇게 바오로는 교회 일에 적극적으로 참여하는 여성들을 자매로 여기고 그녀들의 노고를 크게 존중했습니다. 여성들에 대한 태도에서도 당시 가부장적 여성상을 따르지 않고, 오히려 "여자와 노예를 동등한 구성원으로 인정한 동료 단체와 제의 결사結社들의 평등한 공동체 구조"(Schüssler 121)를 따릅니다. 요컨대 바오로는 가부장적 여성상을 극복하고 당시로서는 혁명적인 여성상을 따르고 있었습니다. 이런 여성상은 비교秘敎들에서도 통상적인 것이었습니다. 로마 시민 사회와 달리, 남녀의 균등한 기회를 보장하고 동일한 존엄성을 인정한 것이 당시 그리스도교 공동체의 특징이었습니다.

그렇다면 여성 발언 금지령과 머리에 너울 쓰는 규정은 어찌 된 것일까요? 우선 코린토 전서 11장 4-5절에서 바오로는, 여자들이 전례 중에 남자들과 똑같이 예언의 말을 한다는 사실을 출발점으로 삼습니다. 그러니까 여성이 동등한 권리를 가지고 있는 것이지요. 그들은 하느님 말씀을 해석하고 공동체를 상대로 발언할 수 있었습니다. 그런데 머리에 너울을 쓰라는 규정은 무엇인가요? 그리고 여자는 남자의 영광이며 남자는 여자의 머리라는 기이한 관점과는 어떤 관계에 있는 것인지요? 바오로는 여기서 모상에 관한 유다·헬레니즘 철학을 원용하고 있습니다. 이 철학은 원상과 모상에 관해 말합니다. 우주와 인간의 원상은 신입니다. 우주 내부에는 다양한 모상의 계열이 존재합니다. 여기서 바오로는 '모상'을 '머리'로 대체합니다. 바오로는 하느님의 모상을 각별히 반영하는 것은 바로 머리라는 데서 출발했음이 분명합니다. 여기서 그의 신학적 논증을 절대화해서는 안 됩니다. 간단히 말하면, 당시에는 두 가지 관습이 있었습니다. 유다 관습에 따르면 여자는 머리를 가려야 했고, 그리스

관습에 따르면 가리지 않아도 되었습니다. 머리를 가린다는 것은 너울을 쓴다는 게 아니라, 머리 모양을 일정한 형태로, 이를테면 땋아서 묶거나 높이 말아서 간수한다는 뜻입니다. 필경 바오로는 풀어 헤친 머리카락에서 여자들이 참여하는 비교제의들을 떠올린 듯합니다(Schrage, *1. Korintherbrief* II, 507ff. 참조). 또한 천사들이 인간의 딸들과 어울려 다녔다는 성경의 신화적·고대적 대목도 암시하는 것 같습니다. "이 표상이 노리는 바는, 천상에서 여자들의 머리카락을 내려다보는 천사들의 욕정을 자극해선 안 된다는 것이다"(Ben-Chorin 129). 오늘날 상식으로는 참으로 황당무계합니다. 우리가 바오로의 논증을 따라야 할 까닭은 없습니다.

당시 그리스·로마인들은 남녀가 머리카락을 어떻게 간수해야 하는가, 남녀에게는 각기 어떤 헤어스타일이 어울리는가라는 문제를 두고 열띤 토론을 벌였습니다. 이 열광적 분위기로 말미암아 코린토에서는 성 차별을 반대하고 의식적으로 공공장소에서 남녀의 고유한 역할 구분을 폐기하려는 움직임이 대두되었음이 분명합니다. 이들은 바오로가 갈라티아서 3장 28절에서 그리스도인들을 위한 강령으로 서술한 것(모든 성 차별은 그리스도 안에서 폐기되었다)을 외면적으로 선취先取했다고 하겠습니다. 모든 열광적 운동은 아무래도 낡은 규범들을 흔들어 대지요. '68세대'의 경우도 다르지 않았습니다. 당시 남자들은 돌연 장발을 하고 다녔고, 여자들은 머리를 짧게 쳤습니다. 바오로는 코린토 신자들이 쟁취한 이 혼란스러운 해방에 분명 두려움을 느꼈을 것입니다. 여기서 그가 바리사이로서 늘 지니고 있던 질서 의식이 튀어나온 것이지요. 바오로도 자신의 논증이 상당히 우악스럽고 별 설득력이 없다는 것을 눈치 채고 있습니다. 다만 오랫동안 보존되어 온 관습을 지키기 위해 자신의 권위를 내세우고 싶었을 뿐이지요. 오늘날 우리는 이런 논증들에 매여 있지 않습니다.

바오로가 코린토 교회의 상황에 어떻게 대처했는지는 진지하게 받아들여야겠지만, 그것을 우리 시대로 끌어들여야 할 이유는 없으며, 글자 그대로 넘겨받아서도 안 됩니다. 그것은 바오로의 정신을 올바로 이해하고 실천하는 길이 아닙니다. 사실 바오로의 정신은 더 넓고 깊습니다. 바로 여기서 우리는 바오로가 선포한 자유와, 여전히 자신 안에 도사리고 있는 낡은 사고 구조들 간의 분열을 새삼 깨닫게 됩니다. 나도 이 분열을 잘 알고 있습니다. 나는 내 마음이 넓고 자유롭다고 믿고 있으면서도, 전례 방식에 구체적인 변화라도 생길라치면, 모든 것을 해 오던 대로 고수하려는 보수성이 불쑥 고개를 드는 것입니다. 나는 바오로의 체험을 충분히 이해합니다. 그렇다고 나의 보수적 성향을 절대화하겠다는 뜻은 아닙니다. 오히려 바오로와 씨름함으로써, 모든 편에 공정하고 나 자신에게도 유용한 해결책을 찾으려 하는 것입니다. 남들이 자신을 따르도록 하는 데 바오로의 말을 이용한다면, 이는 바오로를 근본적으로 오해하는 것입니다.

주석사史에서 특히 논란이 된 것은, 여자들은 교회 안에서 잠자코 있어야 한다는 코린토 전서 14장 34-35절입니다. 근자에 주석가들은 이 구절이 바오로에게서 유래하지 않았다는 데 의견의 일치를 보았습니다. 사실 이 구절은 코린토 전서 11장 4-5절에 나오는 바오로의 지시와 상충됩니다. 여기서 바오로는 전례 때 여자들도 남자들과 똑같이 예언의 말을 한다는 데서 출발합니다. 서기 100년경(사목 서간들의 유사한 지시들도 이 무렵 생겨났습니다) 한 편집자가 이 구절을 끼워 넣은 이유는 그저 추측만 할 따름입니다. 분명한 것은, 그리스도교가 여성해방적 경향을 띤 초기의 열광적 각성을 관철하지 못하고, 사회 환경에 순응하고 말았다는 사실입니다. 클라우크는 이렇게 말합니다. "시간이 흐르면서 그리스도교 생활은 공고해졌다. 꼬집어 말하면, 갈수록 시민 사회에 동화되었다. … 사람들은 오히려 주변 세계의 가부장적 행동 규범들에 더 강하게 의지했다"(Klauck, *Gemeinde* 242).

그리스도인들은 초기 교회 당시 여자들이 누리던 자유를 계속 허용한다면, 엄격한 행동 규범들을 고수하는 로마제국에서 이단으로 배척되지나 않을까 두려웠을 것입니다. 바오로 자신은 교회 내 여성 평등권을 시종일관 인정했습니다. 바오로의 근본 원칙은 애초부터 확고부동했습니다. "유다인도 그리스인도 없고, 종도 자유인도 없으며, 남자도 여자도 없습니다. 여러분은 모두 그리스도 예수님 안에서 '하나'입니다"(갈라 3,28).

오늘날 여성들은 바오로가 결혼에 부정적인 견해를 가지고 있었다고 비난합니다. 결혼은 자신의 성을 사려 깊게 다루지 못하는 남자들의 무능을 용인하는 제도일 뿐이라는 것이지요. 그러나 여기서도 코린토 전서 7장의 언설들을 세심히 해석해야 합니다. 여기서 바오로는 결혼의 신학을 전개하고 있는 것이 아니라, 코린토 신자들의 구체적인 물음에 대답하고 있습니다. 당시 코린토에는 광신의 조짐이 있었습니다. 신자들은 오로지 금욕 생활을 하면서 주님께서 오실 날만 기다려야 한다고 우겼지요. 그런 경향은 미혼자뿐 아니라 기혼자와 약혼자들에게서도 나타났습니다. 약혼했거나 결혼하여 이미 한 여자에게 매인 남자들은 자기 아내나 약혼자와 헤어지는 것이 최선이라고 생각했습니다. 바오로의 대답을 면밀히 살펴보면, 그는 그런 성 적대적 경향에 맞서 결혼을 옹호하고 있음을 알 수 있습니다. 바오로는 아내에 대한 남편의 책임을 호소합니다. 바오로의 대답은 매우 특정한 정서적·영적 상황과 연루되어 있습니다. 해석할 때는 이 점을 고려해야 합니다. 시대적 제약을 받는 요소가 많습니다. 지금 우리의 과제는 바오로의 말들을 우리 시대 상황 속으로 번역해 들이는 것입니다.

오늘날에도 결혼을 백안시하는 풍조가 없지 않습니다. 자신을 한 여자에게 기꺼이 묶을 용기가 없는 남자가 많더군요. 고작 삶의 한 시절을 함께할 파트너나 찾고들 하지요. 최근 나는 한 강연에서 연사가 자신의 그런 파트너에 관해 말하는 것을 들었습니다. 그 말은 그의 여성 비하적 관점을 은연중에 드러내는 것이었습니다. 여성은 그저 일정 기간 그가 좀 더 잘 지내도록 챙겨 주려고 존재하는 셈이지요. 오늘날에는 그 어느 때보다 독신자가 많습니다. 바오로의 말을 이 상황과 견주면, 그가 얼마나 결혼을 중시하는지 알 수 있을 것입니다. 그리스도 안에서 남녀의 구별은 전혀 중요하지 않습니다. 마찬가지로, 결혼과 독신도 똑같이 존중되어 마땅합니다. 어떤 생활 방식에서건 주님과 결속하는 것만이 진정으로 중요한 문제입니다. 바오로가 중시하는 새로운 체험은 예수 그리스도와 관계 맺는 것입니다. 결혼 생활이든 독신 생활이든, 예수 그리스도와의 인격적 관계가 나날이 깊어지고, 거기에 바탕하여 모든 것을 바로 보는 것이 관건입니다. 예수 그리스도와의 인격적 결속이 우리 삶의 모든 것에, 부부 관계에, 공동체 안에서의 남녀 관계에 각인되어야 합니다. 물론 예수 그리스도와의 관계와 배우자와의 관계가 서로 경쟁해야 할 이유는 없지요. 오히려 예수 그리스도에 대한 사랑은 부부 간의 사랑에서도 표현됩니다(Baumert, *Mann und Frau bei Paulus* 87ff. 참조).

교회 내 여성의 역할에 관한 성경 본문에서, 그리고 결혼과 독신에 관한 코린토 신자들의 문의에 대한 답변에서 우리는 모든 판단과 해석은 아무래도 주관적 전제에서 출발할 수밖에 없습니다. 남자들은 이 성경 본문을 특유의 남성 중심주의 안경을 쓰고 해석해 왔습니다. 나는 바오로의 말들을 자기 아내에게 들이대면서 자신의 독선적이고 케케묵은 행태를 정당화하는 수단으로 악용하는 보수적인 남자들을 종종 만납니다. 바오로 자신은 단연코 이 남자들을 옳다 하지 않을 것입니다. 여성들은 그런 편파적 해석들을 마땅히 배격해야 합니다. 그럼에도 여성들은 종종 바오로에게 남성 중심적 해석의 혐의를 뒤집어씌웠습니다. 여성들이 자기 고유의 관점을 담대히 신뢰한다면, 이 오랜 성경 본문들에서 남성들이 찾아내지 못하는 아주 새로운 뉘앙스들을 찾아내게 될 것입니다. 중요한 것은, 당시 코린토 교회의 열광적 상황을 배경으로 이 성경 본문들을 이해하고 상대화하는 일이며, 나아가 오늘 우리가 이 성경 본문들을 어떻게 살아 낼 수 있을지 거듭 묻는 일입니다. 또 당시 바오로의 당면 문제였던 이 논쟁을 통해, 그리스도교의 남성상 · 여성상 · 결혼관 · 독신관 · 성관性觀 · 육신관을 암중모색하는 우리에게 성령께서는 무어라 말씀하시는지 묻는 일입니다.

10

바오로와 성

바오로에 관한 대화에서 흔히 맞닥뜨리는 선입견은, 바오로가 자신의 (성적性的) 장애 때문에 성에 적대적이었다는 것입니다. 바오로가 성을 어떻게 보았으며 자신의 성과 어떻게 대면했는지 지금으로서는 확실히 알 길이 없습니다. 바오로와 그의 성에 관해 표명된 많은 견해는, 바오로 자신의 관점보다는 해석자들의 관점에 더 많이 의존합니다. 나 자신도 이 주제와 관련하여 몇 가지 생각을 내놓겠지만, 역시 주관적일 수밖에 없습니다. 나는 바오로를 성과 영성을 온전히 통합시킨 이상적 인물로 그리고 싶지는 않습니다. 그러나 바오로의 참모습을 가려 왔던 선입견들로부터 그를 지켜 주고 싶습니다.

나는 바오로의 서간들에서 그가 감정이 매우 풍부한 사람이라는 것을 느낍니다. 그는 자기 감정을 숨김없이 드러내고 매우 솔직히 발언합니다. 이 사실 자체가 바오로에게 장애가 없었다는 첫째 정황 증거이니, 감정과 성은 긴밀히 결부되어 있기 때문이지요. 자신의 성을 억압하는 사람은 대개 자기 감정도 억제합니다. 감정을 솔직히 드러냄으로써 자신을 남에게 다 보여 주는 사람은 장애가 없습니다. 프로이트는 성적 충동에 대한 두려움이 흔히 감정의 폐색閉塞을 초래한다고 합니다. 성과 건강한 관계를 유지한다는 또 하나의 정황 증거는 뭐라 해도 자연스런 남녀 관계겠지요. 여성에 관한 바오로의 언설과 그들과의 무리 없는 교유를 눈여겨보기만 해도, 바오로의 인간관계에 성이 통합되어 있음을 알 수 있습니다.

바오로가 성에 관해 언급하는 대목은 코린토 전서 6-7장과 로마서 1장 24절 이하, 두 군데뿐입니다. 오늘날 바오로가 성을 부부에게만, 그것도 육욕으로 병들거나 간음을 저지르지 않게 하기 위해서만 허용했다고 비난하는 사람이 많습니다(1코린 7,2.9 참조). 그러나 (앞서 지적했듯이) 코린토 전서 7장의 언설들은 당시 제기된 질문들과의 연관성 속에서 이해해야 합니다. 7장 전체의 특징적 윤곽을 고려하건대, 단연코 바오로는 활기찬 성을 하느님이 인간들에게 주신 선물로, 그리고 하느님 체험의 한 장소로 보고 있습니다. 내가 나의 성을 어떻게 살고 있는지는 언제나 나의 자기 이해뿐 아니라 나의 하느님 관계와도 결부되어 있습니다. 그러므로 중요한 것은, 성을 영성에 통합하는 것입니다.

성에 대한 바오로의 관점은 코린토 전서 6장 12-20절에 좀 더 분명히 드러납니다. 이 대목은 코린토 신자들과 대화 형식을 취합니다. 그들은 영지주의에 매료되어, 영으로 사는 사람들에게 성은 아무 의미가 없다고 여겼습니다. 영 안에서 그리스도께 결속된 사람은 자신의 성을 원하는 방향으로 다룰 수 있다는 것이지요. 영성의 길에서는 먹고 마시는 일이 전혀 무의미하듯이, 성도 그렇다는 겁니다. 이 영지주의적 논증은 당시 많은 사람을 매료시켰고 널리 유포되었습니다. 이에 바오로는 반대 논거를 제시합니다. 영으로 사는 그리스도인들에게 '모든 것이 허용되어 있다'는 것은 그도 인정합니다. 그러나 이 영지주의 원칙에 두 조건을 내세워 한계를 설정합니다. 첫째 조건은 "그러나 모든 것이 유익하지는 않다"(1코린 6,12)는 것입니다. 타인과 온 공동체에 성은 중요한 의미를 지닙니다. 성은 나와 타인에게 유익해야 합니다. 나의 성으로 남에게 해를 끼쳐서는 안 됩니다. 둘째 조건은 내적 자유와 관련됩니다. "나는 아무것도 나를 좌우하지 못하게 하겠습니다"(1코린 6,12). 성욕이 일어나는 족족 충족시켜야 한다면 나는 성의 노예가 되겠지요. 내가 성을 다루는 게 아니라, 성이 나를 다루는 것입니다. 그리스도인은 근본적으로 자유로워야 한다는 것이 바오로의 소신입니다. 자기의 성에 좌지우지되면 내적 자유는 사라집니다.

몸이 원하는 것은 지체 없이 주어야 한다고, 코린토 신자들은 일견 지당한 논증을 전개합니다. 배가 고프면 먹어야 한다는 것이지요. 몸이 성적 욕구를 일으키면 그냥 그 욕구를 충족시켜 주면 그만이라는 겁니다. 이것을 바오로는 반박합니다. "몸은 부차적인 것이 아니라, 본질적으로 인격적 실존의 일부"(Klauck, *1. Korintherbrief* 47)입니다. 바오로의 논증은 몸을 적대하지 않습니다. 오히려 우호적입니다. 몸은 하느님 체험의 한 중요한 장소입니다. 우리는 몸을 가지고 온 인격으로 그리스도께 속합니다. 그러므로 그리스도와의 관계에서, 그리스도 교회(사실 그리스도의 몸이기도 하지요)와의 관계에서 우리 몸을 배제할 수 없습니다. 코린토 신자들은 죄는 몸 밖에 머물러 몸을 전혀 건드리지 않는다는 논증으로, 당시 크게 번성하던 매춘에 대한 자신들의 통 큰 입장을 정당화했습니다. 코린토에는 창녀가 많았습니다. 홍등가를 들락거리는 것이 예수 그리스도와의 관계에 아무런 영향을 끼치지 않는다고 여기는 그리스도인도 적지 않았습니다. 이에 맞서 바오로는 몸의 존엄성과 예수 그리스도에 대한 몸의 관계를 강조합니다. 성은 몸의 표현이며, 또 그로써 온 인격의 표현이기도 합니다. 나는 몸과 얼을 가지고, 영성과 성을 가지고 예수 그리스도께 속합니다. 나와 그리스도의 관계는 그러므로 내가 내 몸을 대하는 문제와도 관련됩니다. 바오로가 몸을 적대시했다고 비난하기 전에, 우리는 그가 언제나 몸과 얼을 지닌 온사람을 염두에 두고 논증했다는 사실을 알아야 합니다. 그리스도인은 몸과 얼을 가지고 그리스도께 속합니다. 아니, 그의 몸이 성령의 성전입니다. 그러므로 인간이 제 몸에 행하는 모든 것은, 그의 전 인격과 하느님 관계와도 관련됩니다. 온사람은 자신의 성을 통해서도 자기를 표현합니다. 성을 다룰 때는 제 몸의 존엄성과 성을 통해 자신과 하나 되는 인격의 존엄성에 대한 감수성이 필요합니다.

'바오로와 성'을 주제로 토론하다 보면, 동성애에 대한 바오로의 입장이 종종 언급됩니다. 이때 자주 인용되는 구절이 로마서 1장 26-27절입니다.

> 이런 까닭에 하느님께서는 그들을 수치스러운 정욕에 넘기셨습니다. 그리하여 그들의 여자들은 자연스러운 육체관계를 자연을 거스르는 관계로 바꾸어 버렸습니다. 남자들도 마찬가지로 여자와 맺는 자연스러운 육체관계를 그만두고 저희끼리 색욕을 불태웠습니다. 남자들이 남자들과 파렴치한 짓을 저지르다가, 그 탈선에 합당한 대가를 직접 받았습니다.

여기서 바오로는 헬레니즘 세계의 성적 개방성에 대한 유다교의 공박을 되풀이합니다. 바리사이 바오로에게 그리스 세계의 성적 행태는 불신앙의 표출이었습니다. 고대 그리스·로마 사회가 개별적 동성애에 대해서는 유보적 입장을 취했지만, "전반적으로는 그런 행태에 의구심을 가지지 않았고,

미소년에 대한 사랑은 심지어 각별히 존중되기까지 했습니다. 이에 맞서 바오로는 사람이란 모름지기 하느님의 창조 질서를 충실히 지켜야 한다는 유다교와 견해를 같이했습니다"(Lohse, *Römerbrief* 90). 여기서 바오로는 세분하여 논구하지 않습니다. 복음을 내세워 논증하지도 않습니다. 유다교의 논박을 차용하고 있을 뿐이지요.

문제는 오늘날 이런 언설들을 다루는 우리의 방식과 태도입니다. 페터 슈툴마허는 "바오로의 문장들을 … 숙고 없이 되풀이하는"(Stuhlmacher, *Römerbrief* 37) 위험을 경고합니다. 바오로는 (자기 이전의 유다교 전통에서처럼) 동성애 성향(사실 이것은 소수자들에게 이미 내재되어 있어서 제 탓이 아니지요)에 관한 깊은 성찰 없이, 동성애 행태를 그냥 전제합니다. 한편으로는 동성애를 야훼 신앙의 정결 계명을 거스르는 것으로 여기는 유다교 전통에 근거하여 논증하고, 다른 한편으로는 (스토아철학에서처럼) 자연법에 근거하여 논증합니다. 여기서 동성애는 창조주가 세우신 창조 질서에 어긋나는 것입니다. 그러나 바오로는 왜 사람이 동성애 성향을 지니게 되는지, 그 조건들에 관해서는 숙고하지 않습니다. 동성애 자체에 관해서도 거론하지 않고, 다만 남자들끼리의 파렴치한 짓과 여자들끼리의 반反자연적 성애에 관해서만 언급합니다. 여기서 동성애에 대한 단죄를 읽어 내는 것은 우리 권한이 아닙니다. 바오로는 구체적인 시대사적 상황 속에서 말합니다. 동성애적 성향이 어떻게 생겨나는지, 예수님이라면 그런 성향을 가진 사람들을 어떻게 대하실지 등에 대한 해명은 없습니다. 이것이 바오로의 한계입니다. 이 한계를 인정하는 것이 해석자들에게는 중요합니다. 바오로의 말을 진지하게 받아들이되 절대화해서는 안 됩니다. 그의 말은 현대 심리학과 인간학의 지식을 배경으로 동성애에 관해 성찰하고, 동성애를 하느님께 대한 예수 그리스도의 믿음 안에 통합하라는 도전입니다.

11

바오로와 유다인

오늘날 많은 유다인이 예수 그리스도를 새롭게 이해하고 있지만, 바오로를 이해하는 데는 여전히 어려움을 겪습니다. 그들은 바오로가 유다교 회당(시나고그)으로부터 그리스도인들의 이반離反을 야기했다고 생각합니다. 철저한 유다인 교육을 받았고, 바리사이로서 가장 엄격한 유다교 노선에 속했던 바로 그 바오로가, 복음 선포 과정에서 초기 교회의 재유다화 경향을 그토록 철저히 배격했다는, 아니 분노로 맞서 싸웠다는 사실은, 과연 역사의 한 역설이라 하겠습니다. 하지만 바오로는 언제까지나 유다인으로 남아 있습니다. 그는 여러 편지에서 줄곧 바리사이 교육 과정에서 배웠던 구약성경 해석을 바탕으로 논증을 전개합니다. 그러나 바오로에게는 그리스도교 복음의 결정적 새로움을 뚜렷이 제시하는 것이 중요했습니다. 그에게 이 새로움의 본질은 예수 그리스도께서 가져다주신 자유였습니다. 예수 그리스도 안에서 우리는 새 피조물입니다. 이제 할례나 율법 엄수는 더 이상 중요하지 않습니다. 중요한 것은 예수 그리스도께서 선사하신 자유의 영입니다.

바오로는 초기 교회의 유다교적 경향을 지나치게 부정적으로 묘사했습니다. 예수 그리스도에게 매료된 많은 유다인이 그분에 대한 믿음을 자신의 유다교 신앙, 뿌리 깊은 전통, 율법에 대한 존중과 결합시켰습니다. 유다인들에게 율법은, 바오로가 빈번히 율법에 덧씌운 부정적 의미를 지니고 있지 않았습니다. 그들에게 율법은 하느님의 은혜였습니다. 이스라엘은 개인과 공동체가 잘 살도록 당신 백성에게 지혜로운 계명을 주신 하느님을 늘 찬양했습니다. 그런 유다계 그리스도인들에게는 바오로의 표현들이 가혹하고 부당하게 여겨졌을 것입니다. 오늘날 유다인들은 바오로를 새로운 방식으로 이해하고 있습니다. 그러나 바오로 서간에서 유다교 영성을 율법주의 도덕이나 행업 신심으로 희화화하는 데는 불쾌감을 느낍니다(Werblowsky 137 참조). 유다인 종교학자 베르블로프스키는 바오로가 다마스쿠스 근처에서 했던 깊은 종교적 체험을 온전히 이해합니다. 그러나 토라(율법)에 관한 바오로의 묘사는 유다교의 핵심을 벗어나 있다는 인상을 받습니다. 유다인들에게 율법은 "의화를 필사적으로 추구하는 것이 아니라, 하느님 앞에서 하느님과 함께 믿음으로 기뻐하며 사는 삶"(같은 책 142)을 뜻하기 때문입니다. 어쩌면 유다인들은 메시아가 오시어 율법이 끝장났다는 바오로의 단언조차 이해할 것입니다. (유다교 전통이 말하듯이) 메시아가 오시면 율법은 종식되기 때문입니다. 그래서 오늘날에는 유다인들도 바오로의 개인적 체험은 존중합니다.

샬롬 벤코린은 바오로가 근본적으로 라삐 전통 안에 있으며, 거기에 바탕하여 논증을 전개한다고 강조했습니다. '의로움은 믿음에서 비롯하는가, 율법 준행에서 비롯하는가'라는 대립 명제도 라삐 문헌에 나옵니다. 탈무드는 다수의 율법이 점차 소수의 율법으로 환원되다가 마침내 하나의 율법이 된다고 논증합니다. 그리고 탈무드가 하바쿡서 2장 4절을 인용하여 논증하는 것도 바오로와 똑같습니다. "의인은 믿음으로 산다"(Ben-Chorin 113f. 참조). 코린토 신자들의 질문에 답하는 방식에서도 바오로는 유다교 전통 안에 있습니다. 그리스도교의 바오로 서간 해석은 흔히 바오로와 유다교의 대립을 지나치게 부각시켜 왔고, 그리스도교적 선입견에 사로잡혀 있음을 전혀 인식하지 못했습니다. 사정이 이러한즉, 유다교 신학자들과의 대화를 통해 바오로의 텍스트들을 새로운 시각으로 읽는 것이 중요하다 하겠습니다.

바오로가 변함없이 유다인으로 자처하며 선민에 속함을 감사하고 있었다는 사실은 로마서에서 드러납니다. 로마 교회에는 유다계 그리스도인이 많았습니다. 바오로는 그들의 전통을 높이 평가하고 그 전통을 예수 그리스도에 대한 믿음과 결부시키는 편지를 썼지요. 그래서 이스라엘의 최종 구원에 관한 대목을 이렇게 시작합니다.

> 커다란 슬픔과 끊임없는 아픔이 내 마음속에 자리 잡고 있습니다. 사실 육으로는 내 혈족인 동포들을 위해서라면, 나 자신이 저주를 받아 그리스도에게서 떨어져 나가기라도 했으면 하는 심정입니다. 그들은 이스라엘 사람입니다. 하느님의 자녀가 되는 자격, 영광, 여러 계약, 율법, 예배, 여러 약속이 그들에게 주어졌습니다. 그들은 저 조상들의 후손이며, 그리스도께서도 육으로는 바로 그들에게서 태어나셨습니다. 그분은 만물 위에 계시는 하느님으로서 영원히 찬미받으실 분이십니다. 아멘(로마 9,2-5).

바오로는 유다인들이 예수님을 배척하는 것을 괴로워했습니다. 하여, 온 이스라엘이 예수 그리스도께 대한 믿음에 이르기를 열심히 기도했습니다. 이방계 그리스도인들에게는 언제나 자신의 뿌리를 잊지 말라고 당부했습니다. 그들은 이를테면 야생 올리브 나무 가지로서 참 올리브 나무인 이스라엘에 접목된 것이지요. 그럼으로써 자신들의 거룩한 뿌리가 지닌 힘의 한몫을 얻었던 것입니다. 그러므로 야생 올리브 나무 가지인 그들은 참 올리브 나무와 그 뿌리를 얕보면 안 됩니다(로마 11,17-24 참조).

1920년대 이래 유다인 사상가들이 예수를 새삼 자신들의 형제로 알아본 후, 바오로를 유다교 전통으로 환원시키려는 시도가 있었습니다. 쇱스Hans-Joachim Schoeps와 클라우스너Joseph Klausner 외에도 특히 벤코린이 유다인 바오로에 관한 새롭고 긍정적인 관점을 제시했습니다. 그는 확언합니다.

> 바오로는 유다인이었고 또 유다인으로 남았다. 바오로가 자기 메시지를 이방인 세계에 전하는 데 이 사실이 방해가 되지는 않았다. 그의 논증과 신학, 특히 그의 그리스도론, 즉 메시아에 관한 교설에서도 바오로는 여전히 유다교 신학자였다(Ben-Chorin 9).

바오로 자신이 유다교에 뿌리박고 있음을 고백하고 이방인과 유다인의 항구적 관계에 관해 논하는 로마서를 염두에 두고, 벤코린은 이렇게 씁니다.

> 바오로를 유다교의 적으로 만들고 싶다면 로마서 9-11장을 삭제해야 한다. 바오로는 그런 사람이 아니었다. 그는 유다인들의 공허하고 좁스런 율법 준수와 이방인들의 무법적 방종을 비판했다(같은 책 120).

우리는 바오로를 빙자하여 유다교가 그저 율법 종교에 불과한 양 깔보아서는 안 됩니다. 바오로는 유다교 안에 숨은 보화를 우리 그리스도인들에게 가리켜 보여 주는데, 이 보화를 나누어 가지지 못한다면 우리는 그리스도인일 수 없습니다. 그럴 경우 우리는 예수의 그리스도교와도, 바오로의 그리스도교와도 무관한 그리스도교를 꾸리게 될 것입니다.

  오늘날 그리스도교 신학자들과 유다교 신학자들의 풍요로운 대화는 바오로에 대한 새로운 시각을 제공해 줄 것입니다. 그리스도교 주석서들에 여전히 영향을 끼치고 있는, 이른바 유다교 율법주의 도덕에 관한 케케묵은 상투적 관념일랑 치워 버려야 합니다. 율법에 대한 바오로의 체험은 전형적인 유다인의 것이 아닙니다. 그 체험은 분명 그의 강박증적 성격과 관련이 있습니다. 바로 그렇기에, 오늘 우리에게도 매우 민감한 현실입니다. 그 체험이 하느님과 인간들 앞에서 업적을 통해 자신을 입증하려는 우리의 성향과 결부되어 있기 때문이지요. 경건한 유다인은 결코 엄격한 율법 준수를 통해 하느님 앞에서 자신을 입증하려 하지 않았고, 지금도 그리하지 않습니다. 하느님께서 율법을 통해 생명에 이르는 길을 가르쳐 주셨기에, 다만 감사하는 마음으로 율법을 지킬 따름입니다. 유다교 신학자들과의 대화는 바오로의 많은 언설을 새로운 빛으로 보게 해 줍니다. 그러나 이제 겨우 시작입니다. 그런 대화를 통해 유다인 바오로를 합당하게 해석할 수 있기를 희망합니다. 우리의 해석은 아직도 무의식적으로 반反유다주의적 편견들에 사로잡혀 있습니다.

12

바오로와 종교 간 대화

바오로는 예수 그리스도, 십자가에 못 박히고 부활하신 분에 관한 소식을, 듣는 사람에 따라 늘 달리 선포했습니다. 그는 자신의 선교 방법에 관해 이렇게 말합니다.

> 나는 아무에게도 매이지 않은 자유인이지만, 되도록 많은 사람을 얻으려고 스스로 모든 사람의 종이 되었습니다. 유다인들을 얻으려고, 유다인들에게는 유다인처럼 되었습니다. … 율법 밖에 있는 이들을 얻으려고, 율법 밖에 있는 이들에게는 율법 밖에 있는 사람처럼 되었습니다(1코린 9,19-21).

요컨대 바오로는 그때그때의 상황에 자신을 맞추었고, 매번 듣는 사람이 이해할 수 있는 말로 복음을 전했습니다. 그러면서 예수님에 관한 소식을 유다교 전통과 유다교 성경 해석에 비추어 선포하려 노력했습니다. 바오로는 유다인들의 믿음에 호소했고, 이스라엘에 주어진 약속과 유다인들의 대망待望을 예수 그리스도께서 성취하신다는 것을 밝혔습니다.

또 그리스인들에게는 늘 그들의 언어로 말하여 이해를 도왔습니다. 코린토 신자들에게 보낸 서간에서는, 영지주의 사조와 신비 종교에 깊은 영향을 받은 그 항구도시의 종교적 상황을 염두에 두고 논증을 전개했습니다. 그리고 그리스철학자들을 인용하면서, 예수님께서는 그리스철학이 동경하는 것도 성취하신다는 것을 밝혔습니다. 하느님이 예수 그리스도 안에서 모든 인간적 지혜를 능가하는 완전한 지혜가 환히 빛나게 하셨다는 것이지요.

그런즉 예수 그리스도의 복음을 그때그때의 종교적 맥락 속으로 번역해 들여오는 방법을, 우리는 바오로에게 배울 수 있겠습니다. 이 방법을 모든 종교의 성공적 선교를 보장에 주는 선교 전략쯤으로 치부해서는 안 됩니다. 여기서 중요한 것은 오히려 타 종교와의 대화를 통해 그리스도교 고유의 것을 찾아내고 꼴 짓는 일입니다. 바오로는 그리스도교 특유의 것을 포착하여, 자신의 선포를 통해 인간 이성과 연계시키기 위해 거듭 애썼습니다. 그는 그리스·로마인과 그들의 철학적 전통을 존중했습니다. 그의 출발점은 하느님께서 유다인뿐만 아니라 이방인들에게도 당신을 계시하셨다는 것이었습니다.

> 세상이 창조된 때부터, 하느님의 보이지 않는 본성 곧 그분의 영원한 힘과 신성을 조물을 통하여 알아보고 깨달을 수 있게 되었습니다(로마 1,20).

하느님께서는 창조계 안에서 모든 인간에게 당신을 계시하십니다. 그리고 그들의 양심을 통해 그들에게 말씀하십니다. 그분은 당신의 법을 그들 마음에 새겨 놓으셨습니다.

> 그들의 양심이 증언하고 그들의 엇갈리는 생각들이 서로 고발하기도 하고 변호하기도 하면서, 그들은 율법에서 요구하는 행위가 자기들의 마음에 쓰여 있음을 보여 줍니다 (로마 2,15).

바오로는 결코 자신이 하느님을 모르는 사람들에게 말하고 있다고 전제하지 않았습니다. 청중들이 하느님을 찾는다는 것과, 그들도 하느님의 역사役事를 창조계와 역사歷史와 인간의 마음을 통해 어느 정도 이해하고 있다는 것을 믿습니다.

  그리스도를 믿지 않는 사람은 모조리 멸망한다는 자기네 주장의 근거로 바오로를 끌어대는 근본주의자들이 있는데, 이는 바오로를 완전히 오해하는 처사입니다. 바오로는 저마

다의 종교와 철학적 정향을 간직한 사람들을 존중합니다. 그런 종교와 철학들이 공유하는 바를 자신의 메시지를 통해 명백히 제시하고자 노력합니다. 동시에 자신의 결정적인 종교적 체험을 토대로, 우리를 위해 십자가에 못 박히고 사흘 날에 부활하신 예수 그리스도와의 만남을 거듭 이야기합니다. 이 체험은 변화와 쇄신에 대한 인간의 종교적 갈망들을 되잡기도, 비판하기도 합니다. 또 우리가 영성의 길에서 걸핏하면 하느님께 뒤집어씌우고, 또 그로써 그분의 본질을 왜곡하는 온갖 투사投射에서 그 갈망들을 해방시킵니다.

우리가 바오로에게 배울 것이 또 있습니다. 경외하는 마음으로 타 종교인들을 만나고, 그들의 믿음과 태도를 진심으로 이해하며, 영성의 길에서 겪는 그들의 체험들을 진지하게 받아들이려고 애쓰는 것입니다. 그때 비로소 우리 자신의 믿음에 관해서 이야기할 수 있을 것입니다. 우리만 옳다고 우기지도 않겠지요. 오히려 바오로의 뜻에 따라 우리 자신의 길을 비판적으로 성찰하게 될 것입니다. 과연 바오로는 한때 뜨거운 열정으로 걸었던 바리사이의 길을 날이 갈수록 비판적으로 보게 되었고, 숱한 인간적 욕구의 투사가 그 길과 결부되어 있었음을 깨달았습니다. 타 종교들과의 대화는 자신의 믿음을 정련하고 그 믿음의 본질을 찾아 얻도록 우리를 독려합니다. 그러면 우리 믿음을 선포할 때도 잘난 척할 일이 없을 것입니다. 그리스도인을 타 종교인보나 낫게 여기거나, 남들이 뭘 좋아할지 정확히 알고 있는 듯 처신하지도 않을 것입니다. 오히려 바오로처럼 진실되게 우리 믿음과 예수 그리스도 체험의 본질을 적확하게 표현할 수 있는 말을 찾아, 우리가 선포하는 믿음과 체험이 듣는 사람들에게도 치유와 해방과 쇄신의 복음으로 받아들여질 수 있도록 애쓰게 될 것입니다. 이 복음은 마침내 하느님의 지혜와 지식의 헤아릴 수 없는 풍요로움(로마 11,33 참조)에 눈뜨게 하고, "우리 주 그리스도 예수님에게서 드러난 하느님의 사랑"(로마 8,39)에 마음 열게 할 것입니다.

맺으며

바오로 이야기는 끝맺을 데를 알지 못합니다. 바오로에 관한 책을 읽을 때나 그의 서간을 깨인 의식으로 묵상할 때, 나 자신도 이를 절감합니다. 내가 이 책에서 바오로에 관해 쓴 것은, 다만 이 매력 넘치고 다채로운 인물과 가까워지고 그의 메시지를 이해하려는 하나의 시도에 지나지 않습니다. 나는 이 책을 쓰면서 율법과 은총, 의로움과 죄, 구원과 해방에 관한 추상적·신학적 언설들의 배후에는 언제나 체험들이 자리 잡고 있음을 분명히 알게 되었습니다. 이 체험들에 좀 더 가까이 다가가고 싶습니다. 그래서 나에게 이 책은 바오로 연구의 종점이 아닙니다. 오히려 바오로를 계속 읽게 하고, 그 말씀들을 묵상하게 하며, 초 세기의 이 사람이 오늘 나에게 무엇을 말해 주는지를 거듭 묻게 하는 하나의 자극입니다.

내가 평소에 즐겨 읽는 책은 복음서입니다. 미사 때도 주로 복음에 관해 강론합니다. 예수님의 이야기와 비유들은 바오로 사도의 신학적 진술보다 구체적이지요. 그러나 바오로의 진술 배후에 있는 체험을 어렴풋이 따라 느낄 때면, 그 말씀들이 돌연 긴장과 흥미를 불러일으킵니다. 그가 구사하는 언어의 상징성을 진지하게 받아들이고 그 표상들을 가지고 놀다 보면, 문득 나의 내면이 깨어납니다. 이건 바로 내 이야기며 내 삶을 문제 삼고 있구나, 여기서 하는 말들은 죄다 속박과 분열, 자기 비하와 자기 단죄에 대한 나의 체험이구나, 라는 느낌이 듭니다. 바오로는 나 자신과 주변 사람들에 대한 끊임없는 평가를 놓아 버리는 길을 가르쳐 줍니다. 그리고 내적 자유의 길, 구원받지 못한 이 세상 한가운데서 구원을 체험하는 길을 보여 줍니다.

나는 앞으로도 계속 바오로 서간들을 읽을 것이고, 그의 말씀들 속으로 묵상해 들어갈 것입니다. 그래서 언젠가 이 매혹적인 사도의 비밀과, 또한 나 자신의 그리스도인 실존의 비밀이 문득 환히 깨달아지기를 희망합니다. 나는 바오로의 말씀들을 통해 예수 그리스도 친히 나에게 새로운 빛으로 나타나시어, 내 마음을 건드리시고 구원의 비밀을 내 몸으로 생생히 체험하게 해 주시기를 믿고 바랍니다. 독자들도 새로운 눈으로 바오로 서간들을 읽고, 그 독서를 통해 여러분에게 다가오는 감정과 연상聯想들을 신뢰하시기 바랍니다. 성경 말씀이 우리 안에 불러일으키는 감동을 날것으로 체험하려면, 주석서들일랑 옆으로 치워 둘 때도 더러 있어야 합니다. 나는 이것을 어느 대화 자리에서 체험했습니다. 당시 우리 수도자들은 코린토 후서 4장 7-18절을 묵상하면서 각자의 질병 체험을 나누는 작은 동아리 모임을 가졌습니다. 어느 순간, 다들 평소에 보기 드문 솔직함으로 마음을 활짝 열고 자신의 체험을 털어놓는 것이었습니다. 질병과 환난과 박해에 맞서 투쟁하는 바오로의 진정성이, 우리로 하여금 자신의 체험들을 그 말씀의 빛으로 해석하고 말하도록 이끌어 주었던 거지요.

　삶·분열·온전함·예속·자유·자기 단죄 그리고 하느님께서 선사하시는 의로움의 신비가 여러분에게 환히 열리기를 바랍니다. 바오로 서간의 구절들을 자신의 상황과 결부시켜 보십시오. 그 말씀의 뜻을 분명히 깨닫게 될 뿐 아니라, 그 말씀으로 인해 여러분 삶에 새로운 빛이 비칠 것입니다. 바오로 서간에 관한 대화를 통해, 여러분은 필경 타인과의 만남에서든 자기 상황과의 만남에서든 새로운 개방성과 정직성을 지니게 될 것입니다. 바오로의 말씀은 그 자신이 선포를 통해 이루고자 했던 바로 그것을 여러분에게서 성취하고자 합니다. 예수 그리스도의 십자가 죽음에서 뚜렷이 드러난 하느님의 화해와 사랑이 여러분의 마음에 닿고, 그 마음을 평화와 구원으로, 치유와 자유로 가득 채우기를!

참고문헌

Jeremiah ABRAMS / Connie ZWEIG (Hgg.), *Die Schattenseite der Seele. Wie man die dunklen Bereiche der Psyche in die Persönlichkeit integriert*, München 1993. [*Schatten*으로 약칭]

Norbert BAUMERT, *Frau und Mann bei Paulus. Überwindung eines Missverständnisses*, Würzburg 1993.

Schalom BEN-CHORIN, *Paulus. Der Völkerapostel in jüdischer Sicht*, München 1970.

Hans CONZELMANN, *Der erste Brief an die Korinther*, Göttingen 1969.

Joachim GNILKA, *Paulus von Tarsus. Zeuge und Apostel*, Freiburg 1996(요아힘 그닐카 『바울로』 이종한 옮김, 분도출판사 2008).

C.G. JUNG, *Gesammelte Werke*. 11. Band, Zürich 1963.

Hans-Josef KLAUCK, *Herrenmahl und hellenistischer Kult. Eine religionsgeschichtliche Untersuchung zum ersten Korintherbrief*, Münster 1982.

—, *1. Korintherbrief*, Würzburg 1984.

—, *2. Korintherbrief*, Würzburg 1986.

—, *Gemeinde-Amt-Sakrament. Neutestamentliche Perspektiven*, Würzburg 1989.

—, *Konflikt und Versöhnung. Christsein nach dem zweiten Korintherbrief*, Würzburg 1997.

Otto KUSS, *Der Römerbrief*, Regensburg 1959ff.

Eduard LOHSE, *Der Brief an die Römer*, Göttingen 2003.

Richard ROHR, *Vom wilden Mann zum weisen Mann*, München 2006.

Heinrich SCHLIER, *Der Brief an die Galater*, Göttingen 1962.

Wolfgang SCHRAGE, *Der erste Brief an die Korinther*, Solothurn - Düsseldorf 1995.

Elisabeth SCHÜSSLER FIORENZA, Die Frauen in den vorpaulinischen und paulinischen Gemeinden, in: *Frauen in der Männerkirche*, hg. v. Bernadette BROOTEN / Norbert GREINACHER, Mainz 1982, 112-140.

Peter STUHLMACHER, *Der Brief an die Römer*, Göttingen 1989.

Gerd THEIßEN, *Psychologische Aspekte paulinischer Theologie*, Göttingen 1983.

R.J. Zwi WERBLOWSKY, Paulus in jüdischer Sicht, in: *Paulus-Apostat oder Apostel. Jüdische und christliche Antworten*, Regensburg 1977, 135-146.